フーコーの美学

生と芸術のあいだで

Takeda Hironari
武田宙也

人文書院

フーコーの美学　目次

第四章 主体と真理 ――「生存の技法」による関係性の再配置 137

第三部　外の美学

フーコーの美学——生と芸術のあいだで

凡例

一、本書で用いるフーコーの著作の略号については、参考文献一覧を参照。なお、*Dits et Écrits* に所収の論文・講演・対談については略号を用いず、タイトルの後に論文番号と発表年を付した。当該文献の指示に際しては、略号等の後に原書／邦訳のページ数を記した。

二、引用の文献について、邦訳のあるものは適宜参照したが、訳文は基本的にすべて引用者による。

三、引用原文においてイタリックで強調されている箇所は、別言語の場合を除き、訳文では傍点を付した。

四、引用原文の大文字で始まる語は、固有名詞などを除き、訳文では〈 〉で括った。

五、引用原文のハイフンは、訳文では「=」で置換するか、「としての」という訳語を当てた。まれに訳文では無視した場合もある。いずれも初出時に原語を示した。

六、引用原文の語に複数の訳語を当てた場合は、前後を「／」でつなぎ、初出時に原語を示した。

七、引用訳文中の［ ］は、引用者による補足あるいは原語挿入を示す。なお、［……］は中略を示す。

序論

本書は、二〇世紀フランスの哲学者ミシェル・フーコー（一九二六―八四年）の思想について、美学の観点から論じるものである。

フーコーは近年、人間の生とそれにまつわるさまざまな権力との関わりを問題とする、いわゆる「生政治」の議論で参照されることが多く、また今日では、この問題系をはじめて本格的に展開した哲学者としてよく知られている。[1] 現在、フーコーが先鞭をつけた「生政治」の議論の関連書は、国の内外を問わず、枚挙にいとまがないほどである。[2]

一方で彼は、晩年に、「自らの生を一個の芸術作品にする」という理念から出発して、「生存の美

（1） フーコーは、『知への意志』のなかで、「権力の対象はもはや、法的な主体〔……〕のみならず、生物でもあり、それらに対して権力が行使しうる支配＝掌握は、生そのもののレベルに位置づけられる」（VS, p. 187–188/180）と述べ、生を政治的闘争の賭け金として提示した。

学〔esthétique de l'existence〕」という極めて重要な概念を提出してもいる。「生存の美学」が意味するのはまず、自己をひとつの作品として作り上げていくような生のあり方であり、自己への働きかけによる自己自身の変形へと向かう生である。この概念は、「生政治」概念と、いわば表裏一体のものと考えることができる。というのもそこには、「生政治」において主体に作用してくる権力にいかに対応するかということについて、フーコーなりの思索が込められており、その意味において、この概念は、「生政治」においていかなる主体の様態が可能なのかについての、フーコーによる構想として捉えることができるからである。実際、一九七六年に出版された『知への意志』の最終章のなかで「生政治」が語られ、その八年後にそれに答える形で出版された『快楽の活用』(一九八四年)および『自己への配慮』(一九八四年)が「生存の美学」の問題系にまつわるものであったという事実は、両概念の関係性を端的に示すものであるだろう。[3]

このように、「生存の美学」は、「生政治」と並んで後期フーコーにとって重要な概念であるのだが、それにも関わらず、それは、「生政治」と比べるといまだ十分に論じられているとは言いがたい。なぜか。その理由としてはまず、(この概念が登場する)後期の主体論を扱ったフーコー晩年の講義録のなかに、まだ出版されて間もなかったり、あるいは未刊行のものがある、ということが考えられる。一方で、哲学、社会学、政治学などを中心とした従来のフーコー研究において、美学というテーマの重要性が見過ごされがちであったという事実も一因となっている。

確かに、フーコーがそのキャリアの序盤に、文学論や絵画論の数々を精力的に執筆していたことは、比較的よく知られている。しかしながら、先に述べた「生存の美学」と「生政治」の関係を踏まえるならば、フーコーにおける美学というテーマは、たんに芸術の問題のみに終始するものではなく、人間の生までをも含む、広く「社会的なもの」の賭け金となっていることがわかるだろう。本書は、こうした点に注目し、「生存の美学」というフーコー晩年のコンセプト、また、それにまつわる一種の主体論から出発して、彼の思想全体を捉え直そうと試みるものである。

(2) フーコーをおもな参照点とした「生政治」関連の著作として、たとえば以下を参照。Giorgio Agamben, *Homo sacer : il potere sovrano e la nuda vita* [1995], Torino, Einaudi, 2005〔ジョルジョ・アガンベン『ホモ・サケル——主権権力と剝き出しの生』高桑和巳訳、以文社、二〇〇三年〕; Michael Hardt and Antonio Negri, *Empire*, Harvard University Press, 2000〔アントニオ・ネグリ/マイケル・ハート『〈帝国〉——グローバル化の世界秩序とマルチチュードの可能性』水嶋一憲・酒井隆史・浜邦彦・吉田俊実訳、以文社、二〇〇三年〕; Roberto Esposito, *Bíos. Biopolitica e filosofia*, Einaudi, 2004 ; Nikolas Rose, *The Politics of Life itself: Biomedicine, Power, and Subjectivity in the Twenty-First Century*, Princeton University Press, 2006 ; 金森修『〈生政治〉の哲学』、ミネルヴァ書房、二〇一〇年 ; 中山元『フーコー——生権力と統治性』、河出書房新社、二〇一〇年 ; 檜垣立哉『ヴィータ・テクニカ——生命と技術の哲学』、青土社、二〇一二年。

(3) フーコーは、一九八三年四月にアメリカで行われたインタビューにおいて、当時進行中だった仕事の概要に触れるなかで、「現代の世界における自己の技術と生存の美学の歴史を書く必要があるでしょう」と述べている(«À propos de la généalogie de l'éthique : un aperçu du travail en cours», n° 344 (1984), p. 1448/99)。そして、このインタビューから約一年後の一九八四年五月に刊行された『快楽の活用』には、本書およびそれに続く『自己への配慮』、それから未刊の『肉の告白』という三巻全体のための序文が付されたが、そこにもこれとほぼ同様の文言が見られる(*UP*, p. 18/18)。また、同年七月に「ル・モンド」に掲載された「生存の美学」と題された対談においても、この概念の探究の必要性が言及されている(«Une esthétique de l'existence», n° 357 (1984), p. 1551/250)。

この序論では、本論に先立って、本書全体の見取り図について確認をしていきたい。

1　本書の特徴

先に、「生存の美学」については、いまだ十分に論じられていない、と述べた。とはいえ、とりわけ二〇〇〇年代の終わり以降、晩年の重要な講義録の出版が相次いだことにより、この時期の主体論の全容を明らかにするための条件は、かなりの程度整ってきたと言える。本書では、このような状況を踏まえつつ、そこから見えてくる後期思想と、彼の前期思想との関係性を問うことを試みる。そして、その際に、これまでのフーコー研究においては前景化されることがそれほど多くなかったテーマ、つまり彼の芸術論を導きの糸とする。なぜ芸術論なのだろうか。それは、個々の作品との出会いから生まれたこれらのテクスト群に注目することで、フーコーの前期思想と後期思想とを貫くある道筋が示される、と考えるからである。

先にも触れたように、そもそもフーコーの芸術論は、活動の前期に著されたものが多く、これまでそれらは、基本的に後期の主体論とは無関係のものと考えられることが多かった。のみならず、場合によっては、こうしたテクストは、フーコーの仕事全体のなかで「余技」のような位置づけを与えられ、彼の思想の本質とは無縁のものとみなされることさえあった。だが私見では、フーコー後期の主体論の全容が仄見えるようになってきたいま、むしろ前期の芸術論は、彼の仕事全体の位置づけから言っても、その思想との関わりから言っても、新たな重要性を持つようになってきているように思われる。というのも、そこには、さまざまな芸術についての（ときにエッセイ的な）思索の形をとりながらも、後の主体論へと発展していくアイデアの萌芽が、確かに認められるからである。

さらに、こうした見通しのもとに彼の思想を眺め返すとき、とりわけ注目に値するのが、「生存の美学」という概念に他ならない。なぜなら、そこには、「生の芸術作品化」という具体的な理念とともに、主体と芸術との結びつきを、そのイメージを認めることができるからであり、またこのことは、芸術論の観点からフーコー思想全体を捉え返そうとするわれわれの意図からするならば、極めて重要な意味を持つからである。

これまで、フーコーについて、芸術との関わりという観点から論じた先行研究においては、おもに分析対象となるフーコーのテクストが、初期の論考に限られる傾向があった[4]。というのも、一般に、フーコーが美あるいは芸術について関心を持って向き合っていたのは、前期（五〇年代―六〇年代）の活動が中心であり、その後は権力や主体というテーマに関心が移っていくのにつれて、芸術というテーマからは次第に遠ざかっていくと考えられてきたからである。それに対して、本書の特

（4）たとえば以下を参照。Gary Shapiro, *Archaeologies of Vision: Foucault and Nietzsche on Seeing and Saying*, University of Chicago Press, 2003 ; Philippe Artières （dir.）, *Michel Foucault, la littérature et les arts. Actes du colloque de Cerisy-juin 2001*, Paris, Éditions Kimé, «Philosophie en cours», 2004 ; Miriam Iacomini, *Le parole e le immagini. Saggio su Michel Foucault*, Quodlibet, «Quaderni di discipline filosofiche», 2008 ; Joseph J. Tanke, *Foucault's Philosophy of Art: A Genealogy of Modernity*, Continuum, 2009.

徴は、晩年の「生存の美学」をめぐる主体論のなかに、彼の美学的なテーマの持続を見出し、そこから翻って、フーコーの思想全体を、生と美学という観点から捉え直す点にある。これは、フーコー思想の新たな解釈としてのみならず、「倫理的・政治的なもの」との結びつきをますます強めつつある現代の美学への貢献という観点からも大きな意義を持つと考えられる。

実際、『狂気の歴史』(一九六一年)におけるサドやゴッホへの言及などに象徴的なように、フーコーが前期の芸術論においてさまざまな文学や芸術に言及するときにも、そこで提示されていたのは、硬直的な生のあり方に対する対抗的な意図であり、あるいは生のもうひとつの可能性とでもいったものであった。その意味で、フーコーの美学的な関心は、つねに生とともにあるものだったと言える。

このように、フーコーにとって、美学的な思考は、決して一時的なものでも周縁的なものでもなく、むしろ持続的かつ中心的なテーマとさえ言えるものである。ここから、フーコーにおける「美学的なもの」に着目した研究は、研究蓄積の相対的な少なさにも関わらず、従来の学問領域におけるフーコー研究に劣らない重要性を持つと考えられる。また、先に確認したように、フーコーにおける「美学的な思考」は、つねに「倫理的・政治的な思考」と密接に関連する形で存在するものである。これらの点を踏まえて、われわれの議論では、フーコーの思想を、いわば美学を中心とした隣接諸領域の交差点として捉え直すことを目指す。

フーコーは、哲学の分野でも、芸術学の分野でも大きな参照点であり続けているが、従来、哲学におけるフーコー研究では、彼の美学的思考は周縁的な地位しか与えられることがなく、一方で、芸術学におけるフーコー研究では、彼の哲学そのものが十全に考慮されることはなかった。それに対して本書は、両者を統合した上で、その思想的な意義を問う点に特徴があると言える。

2 「外」という蝶番

以上より、本書の内容は、大きく分けて以下の二つのカテゴリーに分類することができる。まずひとつ目は、フーコー思想の体系的な再構築である。前節で述べた目的を達成するためには、これまでその全体像を扱った研究のなかでは、各年代における断絶という側面が強調されることの多かったフーコーの思想を、一貫性を持ったものとして再構築することが必要となる。(5) そのためにわれわれは、フーコーの著作に特徴的なひとつの形象を取り上げて、それを軸に彼の思想全体を再構成するという方法を用いる。それが「外」という形象である。その名も「外の思考」と題された六六年のモーリス・ブランショ論のなかで提示されたこの概念は、どちらかというと前期の芸術論と関わりのある概念で、一般には、その後フーコー自身によって顧みられることがなくなっ

(5) 「断絶」の指摘として有名なのは、「考古学」と「系譜学」という方法論に関するものだろう。たとえば以下を参照。Hubert Dreyfus and Paul Rabinow, *Michel Foucault: Beyond Structuralism and Hermeneutics*, Second Edition, University of Chicago Press, 1983〔ヒューバート・L・ドレイファス／ポール・ラビノウ『ミシェル・フーコー――構造主義と解釈学を超えて』山形頼洋・鷲田清一ほか訳、筑摩書房、一九九六年〕; Béatrice Han, *L'ontologie manquée de Michel Foucault*, Grenoble, Jérôme Millon, «Krisis», 1998.

た、と考えられている。[6] しかしながら、この概念は、たとえばジル・ドゥルーズがその卓越したフーコー論のなかでも指摘しているように、一方でフーコー思想の核心を表すものとみなされている。[7] 本書は、この、ある意味で「問題含み」な概念を取り上げ、定説に反して、彼の後期思想（七〇年代—八〇年代）におけるその持続を明らかにするものである。これにより、フーコーの思想を統一的なものとして捉える視座が確保されると同時に、翻って、この概念そのもののなかにも、フーコーに即した形で新たな含意が見出されるだろう。

以上のような形で、フーコーの思想を美学の観点から体系的に再構築する一方でわれわれは、この作業の核となる「生存の美学」という概念についても探究を行う。フーコー晩年の重要用語としてつとに注目されつつも、実体がいまだ十分に明らかとはなっていないこの言葉。それに対して、本書では、とりわけ「美学」という語の含意に着目しつつ、「生存の美学」という概念の基本的な様態について、おもに晩年の講義録をもとにして検討を行う。そこで明らかとなるのは、「倫理的なもの」と「感性的なもの」とのあいだに位置づけられるこの概念の特異な様態である。さらに、こうして理解された「生存の美学」の具体的なイメージは、同時期の芸術論のなかに探られることになる。

以上の過程を通じて、「生」と「芸術」との関わりという観点から従来のフーコー像を刷新することが、本書の最終的な目標である。それは、「生存の美学」という概念から出発して、フーコーの思想そのものを、「倫理的なもの（生）」と「感性的なもの（芸術）」とのあいだに位置する、ひとつの「美学」として提示することになるだろう。また、その際にわれわれは、「外」という概念を、この二つの領域に関わるものとして捉え、それぞれの領域における外の様態を探究する。言い換えるならば、本書は、二つの領域が、フーコーの思想のなかで「外」という概念を軸にして重なり合うことを、また、この重なり合いにこそフーコー思想の本質が現れていることを示すものである(8)。

ここまで、われわれの議論が目指すところ、さらにはこの目的の——こう言ってよければ——「内在的」な動機について述べてきたが、以下では、議論の推進を動機づけるより「外在的」な要素、いわば背景となる状況について確認しておきたい。

(6) 「外の思考」のなかでフーコーは、「いつの日か、この「外の思考」の諸形態や根本的諸カテゴリーを定義しようと試みねばなるまい。また〔……〕、それがどこからやって来て、どこへ行くのかということも探らねばなるまい」と述べている(«La pensée du dehors», n° 38 (1966), p. 549/339)。

(7) Cf. Gilles Deleuze, *Foucault* [1986], Paris, Éditions de Minuit, «Reprise», 2004, p. 77-130〔ジル・ドゥルーズ『フーコー』宇野邦一訳、河出文庫、二〇〇七年、一三一—二三一頁〕.

(8) フーコーの思想を「外の美学」として論じたものとしては以下がある。Ludger Schwarte, «Foucault, l'esthétique du dehors», *Chimères*, n° 54/55, L'association Chimères, 2004, p. 19-32. ただし、当該論文においては、本書と異なり、「美学」の対象として、あくまでも狭義の芸術しか想定されていない。したがって、シュヴァルテがフーコーの思想に対して「外の美学」という言葉を使うのは、時期的には中期までであり、さらに扱うのも、芸術論についてのみである。それに対して、われわれが想定するフーコーの「美学」は、広く生の領域までを対象としている。われわれは、彼の思想を、後期の生に関する議論までを含めて「外」という観点から捉え直すことを目指しており、この点においてシュヴァルテとは根本的な立場を異にする。

3 「美的なもの」と「われわれの生」

3-1 生の美学

前節で述べたように、本書は、フーコーの思想を通じて、いわば「美的なもの」についての思考と「われわれの生」についての思考との交差点を探究するものである。では、この二つの思考が交わる地点に注目するのは、どのような理由からか。そこには、以下のような背景が存在する。

まずそれは、現代の美学における「生」というトポスの重要性に関係する。美学者のマリオ・ペルニオーラは、『現代の美学』と題された著書のなかで、現代を「この上なく美学的な時代」と形容している(9)。ペルニオーラによれば、とりわけ二〇世紀以降、美学に分類されるテクストは、かつてないほどのペースで生み出されることになり、それまで他の哲学分野に比べて相対的にマイナーであったこの領域は、歴史的な活況を見ることになったという。現代が「美学的な時代」であるというのは、こうした状況を指すものである。さらにペルニオーラは、この活況には、美学という分野の内実的な変化が関わっていることを示唆する。すなわち、二〇世紀以降の美学は、たんなる美の本質や芸術についての思考に留まらず、他の哲学分野はもちろんのこと、それ以外の学問分野とも結びつく形で、文化一般、さらには人間の生そのものにまで考察の対象を広げてきたというのである。このペルニオーラの見立ては、現代という時代の診断に関しては賛否あるとしても、二〇世紀以降の美学の流れとしては、一定の妥当性を持つものだろう。

さて、こうした前提を踏まえた上で、ペルニオーラはそこで、現代の美学をいくつかのキーワード（形、認識、活動、感覚など）とともに読み解いているのだが、注目すべきは、そのなかの一章が「生の美学［estetica della vita］」と題され、美学における生というトポスの意味に焦点が当てられていることである。ここで、ヴィルヘルム・ディルタイからフーコーに至る多様な思想のなかに生と美学の関係をたどっていくペルニオーラは、「生の意味を肯定するにせよ否定するにせよ、この問いが位置づけられる地平は、現代においては、美学と緊密な関係にあることが非常にしばしばであった」と述べ、「美学が、存在にとって根本的な問題を提起してきた」ことを強調する。(10) 言い換えるならばそれは、先に指摘されたような美学の問題系の広がりのなかで、現代においては、生という問題がとりわけ存在感を増してきた、ということである。ペルニオーラの議論が示唆するのは、「生の美学」というテーマが、現代の美学を考える上で、もはや外すことができないものとなりつつあるという事実である。そして、彼の言及からも窺えるように、この「生の美学」にとって、フーコー晩年の問題系、とりわけ「生存の美学」が重要な意味を持つものであるという認識もまた、近年、美学の領域でコンセンサスを得つつあるように思われる。

（9） Mario Perniola, *L'estetica contemporanea. Un panorama globale*, Bologna, Il Mulino, «Le vie della civiltà», 2011, p. 9.
（10） *Ibid*., p. 14.

3-2 生政治の賭け金としての美学

また逆に、「われわれの生」をめぐる思考においても、美学は決定的な存在となりつつある。たとえば、美学者のピエトロ・モンターニは、美学というカテゴリーを、いわゆる「生政治」の賭け金として提示する。彼によれば、二つの領域を媒介するのは「現代の技術の問題」であるという[11]。どういうことか。

モンターニはまず、ハンナ・アーレントの思想から出発して、生政治という概念の輪郭を画定しようとする。アーレントの思想の基盤には、ポリス（公共空間）とオイコス（私的圏域）という二つの概念間の「両立不可能な敵対関係《アンタゴニズム》」があり、さらに、前者は人間の人間性を特徴づける「活動的な生」に、後者は人間の動物性を特徴づける「生物学的な生」に、それぞれ対応している[12]。このアーレントの区分を踏まえた上でモンターニは、生政治の特徴を、「活動的な生」の後退および「生物学的な生」の前景化として理解する[13]。

統治の活動および権力の行使が、オイコスの圏域の不当な拡大として、また、ポリスの空間における「働く動物［animal laborans］」としてのみ理解された人間の能力の不当な拡大としてもたらされるときに、「政治的なもの」自体は後退し、ある管理形態へと場を譲ることになる。それは、もともとは生を「保障する」ものであったにも関わらず、最終的には、多かれ少なかれ直接的に恐怖や死と関係を持つようになるような、そうした管理の形態である。こうして生＝政治は死＝政治へと反転することになる[14]。

ここには、生政治が「生物学的な生」の統治として定義されうること、そしてまた、生政治が死政治へと必然的に反転するものだという認識が示されている(15)。

さらにモンターニは、この生政治は、グローバルな技術〈装置〉と結びつく形で、美学というカテゴリーを徹底的に道具化することになる、と考える。ここで彼が参照するのは、ヴァルター・ベンヤミンが一九三〇年代半ばに見出した「政治の美学化」という現象である(16)。ベンヤミンは、それ

(11) Pietro Montani, "Estetica, tecnica e biopolitica," *Fata morgana : quadrimestrale di cinema e visioni*, Anno 1, no. 0, sett. /dic. 2006, p. 27. また、以下も参照。Pietro Montani, *Bioestetica. Senso comune, tecnica e arte nell'età della globalizzazione*, Roma, Carocci, «Studi superiori», 2007.

(12) Cf. Hannah Arendt, *The Human Condition* [1958], Second Edition, University of Chicago Press, 1998〔ハンナ・アーレント『人間の条件』志水速雄訳、ちくま学芸文庫、一九九四年〕.

(13) アーレントのなかでは、「政治」に関わるのは「活動的な生」のみである。したがって、「生物学的な生」の統治としての生政治は、彼女にとって「純粋な反政治」を意味する（Pietro Montani, "Estetica, tecnica e biopolitica," *op. cit.*, p. 28）。

(14) Pietro Montani, "Estetica, tecnica e biopolitica," *op. cit.*, p. 28.

(15) モンターニによれば、この反転は、アーレントのみならず、フーコー、ジョルジョ・アガンベン、ロベルト・エスポジトという、他の生政治の論者たちの議論にも例外なく現れるものである。

(16) Cf. Walter Benjamin: *Das Kunstwerk im Zeitalter seiner technischen Reproduzierbarkeit*, deutsche Fassung 1939: in: derselbe: *Gesammelte Schriften*, Band I, Suhrkamp, Frankfurt am Main 1972, S. 471-508〔ヴァルター・ベンヤミン「複製技術時代の芸術作品」久保哲司訳『ベンヤミン・コレクション1 近代の意味』、ちくま学芸文庫、一九九五年所収〕.

を技術（より正確には、イメージの技術的な生産可能性という発想）と全体主義の問題に結びつけ、そこに「芸術の政治化」というオルタナティヴを対置した。モンターニは、このベンヤミンの「政治の美学化」についての診断を、モダンのみならず、ポストモダンにおいても――あるいは、ポストモダンにおいてますます――有効である、と考える。彼は、「美学化に適した政治的なものの次元」を、全体主義のみならず、むしろ生政治の次元に、すなわち、「バイオテクノロジーとヒューマン・テクノサイエンスの時代における生の統治」のうちに見ようとするのである。全体主義国家が、適切な形での自己表象、つまり、いわゆる体制芸術（たとえばレニ・リーフェンシュタールのそれのような）を必要としたのに対し、モンターニによれば、「生政治の〈装置〉は、美学というカテゴリーを、より内的に、構造的に、こう言ってよければ「生理学的に」使用する」という。

この〈装置〉は、美学から、自らの公式イメージのみならず、自らに特有の感覚の地平［*orizzonte di senso*］までも引き出す。要するに、生政治の〈装置〉は、まず何よりも「感覚」される必要が、そして、「われわれが共有する感覚」の境界を画定し、それを生み出す必要があるのだ。さらに言えば、［……］それはわれわれの感性を徹底的に誘導し、限定し、縮減する必要が、つまり、本質的に非＝美学化・非練成［inelaborare］する必要があるのだ。(17)

こうして、現代において、美学は技術の問題を通じて生政治の賭け金となる。すなわち、感性は、「生権力やその技術的な下部構造の可能性」とされ、「ある企図や多かれ少なかれ意図的な技術的操作の対象」となるのである。[18] そこで感性を縮減する技術は、一方で「美的判断の政治的判断への置換」（「イメージ」によるコンセンサス形成・感情に基づく政治的な決定）として、他方で「感性の技術的な操作・管理」（現実のシミュレーション化・偶然性のプログラム化）として現れる。

さて、ここまで見てきたように、「美的なもの」についての思考と「われわれの生」についての思考との交差は、美学の観点からも、他分野の観点からもますます重要なものとなりつつある。ペルニオーラは、美学における「生」についての思考の存在感を、より具体的には、倫理的・政治的な思考の存在感を説き、逆にモンターニは、倫理的・政治的な思考における美学の存在感を説く。異なった方向から照らし出された同一の状況を踏まえた上で、本書の目指すところは、フーコーを中心として、二つの思考を架橋すると同時に、それらに新たな展望を開くことにある、と言えるだろう。

4　身体と実践

4-1　身体美学

「自らの生を一個の芸術作品にする」という理念からも明らかなように、フーコーの「生存の美

（17） Pietro Montani, "Estetica, tecnica e biopolitica," *op. cit.*, p. 50.
（18） *Ibid.*

学」は、「身体」と「実践」を主要な構成要素とするものである。一方で、「生存の美学」が位置づけられるより広い文脈、つまり、ペルニオーラが総称するところの「生の美学」においても、両者は自己の形成にとって重要な要素となっている。

たとえば、今日の「生の美学」をめぐる議論において主要な参照点のひとつともなっているアメリカの哲学者リチャード・シュスターマンは、自らの提唱する概念である「身体美学〔somaesthetics〕」の観点から、フーコーの「生存の美学」に注目している。シュスターマンは、プラグマティストの先達であるジョン・デューイに倣い、芸術をひとつの「経験」として捉えようとする。そこでは、アリストテレス以来、芸術がポイエーシス（制作）のみと結びついている状況が批判され、そのプラクシス（実践的行為）との結びつきが要求される。

シュスターマンによれば、ポイエーシスとは、制作の行為や行為主体から切り離された外的な対象《オブジェクト》の制作を目的とするものであり、そこで行為主体は、自らの制作物から影響を受けることは基本的にない。それに対してプラクシスは、「行為主体の内的個性に由来し、また逆に、その形成を助ける」ものである。[19] その意味で、プラクシスとしての芸術とは、行為主体と彼の生み出すものとが不可分であるような生産のプロセスなのだ。こうして「身体美学」は、デューイによる「経験としての芸術」[20] という着想の延長線上に位置づけられることになる。

ところでフーコーは、一九八四年のコレージュ・ド・フランス講義において、キュニコス派による「正しき生」の原理について論じるなかで次のように述べていた。

正しき生としての哲学的な生〔*bios philosophikos*〕とは、人間の動物性のことです。この動物性は、挑戦として応じられ、訓練として実践され、スキャンダルとして他者の面前へと投げ出されるものです。[21]

ここでフーコーは、「哲学的な生」の本質を、「人間の動物性」に、いわば人間の「生物学的側面」に見出している。

シュスターマンは、このフーコーの言葉に注目し、そこに、「深い思慮を伴って鍛錬され、身体に中心を置いた生の様式としての哲学のヴィジョン」、つまり、彼の提唱する「身体美学」と共通するものを読み取っている。[22]「身体美学」が扱うのは、「それを通じてわれわれが自己認識や自己創造を〔……〕追求することができるようなさまざまな身体的実践」である。[23] また、身体的な実践と

(19) Richard Shusterman, *Pragmatist Aesthetics : Living Beauty, Rethinking Art*, Second edition, Rowman and Littlefield, 2000, p. 53〔リチャード・シュスターマン『ポピュラー芸術の美学——プラグマティズムの立場から』秋庭史典訳、勁草書房、一九九九年、三六頁〕. ポイエーシスとプラクシスの区分については、以下も参照。Giorgio Agamben, «Poiesis e praxis», in *L'uomo senza contenuto*, Macerata, Quodlibet, 2000, p. 114〔ジョルジョ・アガンベン「ポイエーシスとプラクシス」『中味のない人間』岡田温司・岡部宗吉・多賀健太郎訳、人文書院、二〇〇二年所収、一一二頁〕.

(20) Cf. John Dewey, *Art as Experience* [1934], Perigee Trade, 2005〔ジョン・デューイ『経験としての芸術』栗田修訳、晃洋書房、二〇一〇年〕.

(21) CV, p. 245/335-336.

いうものをこのように理解するならば、「経験というのは哲学の実践に属するはずだ」ともシュスターマンは述べる。こうして彼は、自らの提唱する「身体美学」を、フーコーの論じるエロス的な身体のなかに見出していくのである。

4-2 日常性の美学

ただ、ペルニオーラやシュスターマンといった、フーコーにおける「生存の美学」に着目した先行研究はいずれも、とりわけ『性の歴史』三部作を中心として、フーコーにおけるセクシュアリティへの関心に焦点を絞ってきた。すなわちそこでは、フーコーにおける「生の美学」の意味を、とりわけ性的な関係性を基盤にした過剰や逸脱といった観点から読み解こうとする傾向が強かったのである。

確かにセクシュアリティは、後期フーコーにおける主要テーマのひとつだが、彼の「生存の美学」の意味は、そこに尽きるものではない。むしろ、ここで注目したいのは、フーコー自身が、「生存の美学」に関わる諸実践を、性的なものに限らない、より一般的な日常的行為のなかにも見出していた、という点である。実際、フーコーにおける「生存の美学」とは、そうした日常的な行為の積み重ねによって、自らの生を素材として、作品としての自己を作り上げていく生のあり方でもあったのだ[24]。

この点から注目されるのは、「日常性の美学」とも総称されるような現代美学の動向である。たとえば、フランスの美学者バルバラ・フォルミは、パフォーマンス・アートなどについての考察から、身体的実践としての「身ぶり〔geste〕」に生の本質を見定めることで「日常的な生の美学〔esthétique de la vie ordinaire〕」を構築しようと試みている。[25] この「日常的な生の美学」もまた、デューイの「経験としての芸術」の思想を汲むもので、関連研究も多いが、それらはいずれも、日常の行為や経験という観点から「生」と「芸術」の問題にアプローチしている点に特徴がある。[26] 本書では、これら現代美学における「プラクシス」の地位も見据えつつ、「生存の美学」における「身体」

---

(22) Richard Shusterman, *Practicing Philosophy: Pragmatism and the Philosophical Life*, Routledge, 1997, p. 176〔リチャード・シュスターマン『プラグマティズムと哲学の実践』樋口聡・青木孝夫・丸山恭司訳、世織書房、二〇一二年、二七二頁〕.

(23) *Ibid.*, p. 177〔同書、二七三頁〕.

(24) フーコーにおける「日常的な生」という主題を、権力とエクリチュールとの結びつきという観点から考察したものとして、以下を参照。Guillaume Le Blanc, *La pensée Foucault*, Paris, Ellipses Marketing, «Philo», 2006, p. 47-64. また、同様の議論を、フーコーを含むより広い文脈のなかで展開したものとしては、以下を参照。Guillaume Le Blanc, «L'action, le style et la vie ordinaire», in *L'ordinaire et le politique*, Claude Gautier et Sandra Laugier (dir.), Paris, PUF, «PUBL. DE L'UNIV.», 2006, p. 137-145.

(25) Barbara Formis, *Esthétique de la vie ordinaire*, Paris, PUF, «Lignes d'art», 2010. なおフォルミは、「身体美学」についての論集の編者も務め、ここにはシュスターマンも寄稿している。以下を参照。*Penser en corps. Soma-esthétique, art et philosophie*, Barbara Formis (dir.), Paris, L'Harmattan, «L'Art en bref», 2009.

(26) たとえば以下を参照。David Novitz, *The Boundaries of Art: A Philosophical Inquiry into the Place of Art in Everyday Life* [1992], Revised and Enlarged Edition, Cybereditions, 2001 ; Andrew Light and Jonathan M. Smith (ed.), *The Aesthetics of Everyday Life*, Columbia University Press, 2005.

と「実践」の意味をあらためて検討する。

さて、モンターニは、現代において、感性がますます政治の賭け金になりつつある状況を指摘したが、こうした状況を受けて、美術批評家のボリス・グロイスは、フーコーやジョルジョ・アガンベンを参照しつつ、生そのものが権力の介入の対象となるような現代において、いかなる芸術が可能なのか、という根本的な問いを提起している(27)。

モンターニは、上記の状況に、現代の技術の問題が関わっていることを示唆していたが、われわれの考察においても、芸術をたんなる美的な対象（オブジェ）として捉えるのではなく、その語源（テクネー）に立ち返り、ひとつの「テクノロジー」として捉えた上で、それがいかに人間の生と関わるのか、という点に注目していきたい。というのも、フーコーが生をめぐる思想のなかで取り組んできたものこそ、このテクネーと生の変容との関係だったからである。その意味において、本書の議論は、現代の芸術が、ひとつの「技術」として、広義の「政治的なもの」との関わりをますます強めている状況とも無関係ではない。

確かに、芸術と政治というテーマ自体は長い歴史を持つものであるし、とりわけ一九世紀以降は、急速な近代化を背景としたさまざまな社会運動との関係のなかで、芸術の意義が問われてきた。しかしながら、そこで問題となってきたのは、先のアーレントの区分を用いるならば、あくまでも「活動的な生」（人間的な生）に関わる政治であり、われわれの考察の前提となる「生物学的な生」（動物的な生）に関わる政治、つまり「生政治」ではなかった。その意味では、現代における「政治的なもの」と芸術との関係をめぐる議論は、いまだ端緒についたばかりと言えるだろう。

5　本書の構成

5-1　各章の概略

本書は、ここまで素描してきた見取り図のもとに、全三部（全七章）から構成されている。まず第一部では、フーコーの六〇年代の著作を中心として、前期の芸術論が「外」という概念とともにたどられる。このうち、第一章では、六〇年代の文学論、絵画論の検討から、「外」概念の輪郭を浮き彫りにし、第二章では、「外」概念と同時期のより原理的な考察とのつながりを探究する。これにより、フーコーにおける「外」の形象の含意、意味論的な広がりが明らかになると同時に、この時期の芸術についての考察全体が「外の芸術論」として位置づけられる。

続いて第二部では、七〇年以降の権力論の検討から、後期の主体論へのつながりが探られる。冒頭で触れたように、「生存の美学」へと結実する後期の主体論は、七〇年以降の権力論、とりわけ、生そのものへと働きかける権力の考察と表裏一体の関係にある。したがって、前者を理解するためには、後者の解明が不可欠となってくる。ここから、第三章では、七〇年代の著作を中心にして

(27)　Boris Groys, "Art in the Age of Biopolitics: From Artwork to Art Documentation," in *Art Power*, Cambridge, MA, MIT Press, 2008〔ボリス・グロイス「生政治《バイオポリティクス》時代の芸術——芸術作品《アートワーク》からアート・ドキュメンテーションへ」三本松倫代訳『表象』05、表象文化論学会、二〇一一年〕.

フーコーの権力理解を明らかにし、第四章では、この権力の抵抗点としての生の様態を検討する。そこで明らかとなるフーコーの権力論は、その主体論の特異性を際だたせるものとなるだろう。最後に第三部では、「生存の美学」を中心とした後期の主体論が、やはり「外」の観点から論じられる。このうち、第五章では、「生存の美学」の内容を明らかにし、さらに第六章では、「生存の美学」を、ひとつの「外の美学」として位置づける。終章となる第七章では、こうして位置づけられた「外の美学」から出発して、同時期の芸術論をあらためて検討する。

以上の考察により、その特異な権力論を背景に、前期の芸術論と後期の主体論を、「外」を蝶番として結びつけることができるだろう。こうして、フーコーの思想を、「外」という観点から、ひとつの美学として読み解くこと、これが本書の目的である。

5-2 文献の扱いについて

最後に、序論を締めくくるに当たって、一次文献の取り扱いについて附言しておきたい。ドゥルーズは、フーコーの「装置」概念を論じた小論のなかで、ひとつの装置に含まれるさまざまな線分を、「歴史（あるいはアーカイブ）」と「アクチュアルなもの」という二つのグループに分けている。ドゥルーズによれば、ここで「歴史やアーカイブ」とは、「われわれが現在そうであるところのもの（われわれがもはやすでにそうでないところのもの）」を、また「アクチュアルなもの」とは、「われわれがいままさにそうなろうとしているところのもの」をそれぞれ指すという(28)。その上でドゥルーズは、フーコーの仕事のうち、著書の形で発表されたものが、おもに前者に関わることを指摘する。つまり、そこで問題となっているのは、「歴史やアーカイブ」がおもであるというのだ。それに対して、ドゥルーズがフーコーにおける「アクチュアルなもの」の問題系を見出すのは、著書の執筆とは別に、折々に行われたインタビューや対談のなかである。すなわち、そこにおいてこそ、「今日、主体化のどのような新たな様態が現れているのか」というような、まさに「アクチュアルな」問いが論じられているというのだ。(29)

ここからドゥルーズは、フーコーの諸著作と、これら口頭の「パフォーマンス」との関係を、ニーチェの諸著作と、それらと同時代に書かれた『遺稿』との関係に比している。そうして示唆されるのは、（フーコーとニーチェの両者における）二種のテクストの相互補完性であり、さらには、（ともすれば前者に比べて軽んじられがちな）後者の研究上の重要性である。

このドゥルーズの慧眼を尊重しつつ、本書においては、フーコーの『言われたことと書かれたこと［*Dits et Écrits*］』（邦訳書名は『ミシェル・フーコー思考集成』）に収められた数々のインタビューや対談に、場合によっては、著書や論文と同様の重要性を認めている。確かにそれらは、口頭で行われたという性質上、（後で著者校正などはあるにしても）著書ほどの緻密な下準備や練り上げを経て公表

(28) Gilles Deleuze, «Qu'est-ce qu'un dispositif ?», in *Deux régimes des fous. Textes et entretiens 1975-1995*, Paris, Éditions de Minuit, «Paradoxe», 2003, p. 322〔ジル・ドゥルーズ「装置とは何か」財津理訳『狂人の二つの体制』、河出書房新社、二〇〇四年所収、二二九頁〕.

(29) *Ibid.*, p. 324〔同書、二三三頁〕.

されたものではないし、その意味では、著書と同列に扱うのは不当だという意見もあるだろう。しかしながら、本書で中心的な問題となるのが、フーコーにおける「主体」というトポスであり、とりわけそのアクチュアリティであるという点からするならば、こうしたアプローチは妥当であると考える。

第一部　「外」の芸術論

第一章　表象とその残余——前期の芸術論から

フーコーは、六〇年代を通じてさまざまな芸術論を著したが、そこにはひとつの中心的なテーマを認めることができる。それが、「外〔dehors〕」である。「外」とは、フーコーが一九六六年に発表したブランショ論、「外の思考」のなかで提示した概念である。そのなかでフーコーは、現代の文学が、もはや「内面化の次元」に属することをやめ、「外」へと移行しつつあることを指摘している。

そこで言語は、言説の存在様態から——つまり表象の専制から——逃れ、文学の言葉は、自分自身から出発して展開することになる。(1)

(1)　«La pensée du dehors», n° 38 (1966), p. 548/337.

「外」とは、言語がもはや言説でも意味のコミュニケーションでもなく、「生《なま》の状態の言語が引き延ばされたもの、展開された純粋な外在性[2]」となるような空間を指す。そこで主体は、言説の責任者というよりも、ひとつの「非存在［inexistence］」に、そこから言語が無際限に噴出するような「空虚［vide］」になるだろう。この、言語の剝き出しの経験は、主体の存在を危険にさらすものである。言語そのものについて語るようなタイプの現代文学、それは、「語る主体」が消滅するような「外」へとわれわれを連れていくことになるのだ[3]。

ここからフーコーは、あらゆる主体性の外に留まり、そこから主体の限界を示すような思考を、「外の思考」と呼ぶことになる。それは、近代においては、まずサドとヘルダーリンに見出され、その後一九世紀後半になると、ニーチェやマラルメに、さらに現代においては、アルトー、バタイユ、クロソウスキー、そしてブランショらに見出されるようになるという。

フーコーによれば、「外」とは、ポジティヴな形として――実体を伴った、いわばもうひとつの「内面性」として――現れるものではなく、つねに不在として、ひとつの空虚として示されるのみのものである[4]。フーコーはそれを、内面性にとっての「遠く隔たった分身」や「向かい合う似姿」のようなものと表現している。

内面性が自己の外へと引きつけられるとき、外が穿たれるのは、内面性が通常自らの折り目［re-pli］を、その可能性を見出す場所であるのだ[5]。

このように、外とは、内面性の折り目として見出される、ある「形態以下のもの」、「不定形の匿名者のようなもの」だという。それは、主体から同一性を奪い、主体を空にし、二つの形象――双児的だが、重ね合わせることはできない二つの形象――へと分割し、主体が〈私〉と言う権利を奪い、主体の言説に、それのこだまであると同時に否認でもあるような言葉を対置する。「外の経験」とは、自己のなかでひとつの「砂漠」が大きくなるのを感じるような経験であり、その砂漠の向こう側では、「主体を賦与することのできない言語が、神なき法が、人格なき人称代名詞が、表情も目も持たない顔が、同［même］である他［autre］がきらめいている」のである。(6)

一方でフーコーは、この「外」を、〈私〉という一人称に対する〈彼〉という三人称のようなものとして論じている。

それは、顔も眼差しも持たない〈彼〉であり、彼がものを見るのは、他者の言語を通じてのみである［……］。こうして彼は、一人称で語る〈私〉にできるだけ近づき、その言葉やフレーズを、無限の空虚のなかで繰り返すのだ。(7)

（2） *Ibid.*, p. 547/337.
（3） *Ibid.*, p. 548/338.
（4） *Ibid.*, p. 554/345.
（5） *Ibid.*, p. 562/357.
（6） *Ibid.*, p. 562/357-358.

ここでフーコーが、倦むことなく繰り返すのは、分離しつつ結びついているような、一人称と三人称の奇妙な関係性である。

以上のような「外の思考」における記述からは、「外」というものが、さまざまな仕方で主体を限界へともたらし、ついには消滅させてしまうような、非人称的な力のようなものとして想定されていることがわかるだろう。この論考では、そうした力や運動が、ブランショをはじめとする特定の文学のなかに探られるのである。

ここから、本章ではまず、この興味深い試論のなかで示された「外」という概念が、六〇年代に著されたフーコーの文学論、さらには絵画論を象徴するものとなっていることを明らかにしていきたい。

1 表象の閾

フーコーが『言葉と物』で示したように、古典主義時代を特徴づけるのは、表象の一元的な支配であった。そこで表象は、言語、個人、自然、欲求といったものの存在様態を律するものとして君臨していた。この時代に、表象の分析があらゆる経験の領域にとって決定的な価値を持ったのは、このためである。フーコーは言う。

古典主義時代の秩序システムの全体、諸事物をその同一性のシステムによって認識することを可能にする大いなるタクシノミアの全体は、表象が自己を表象するときに自己の内部に開くところの空間のなかで展開するものである(8)。

そこで言語とは、さまざまな語の表象に過ぎず、自然とは諸存在の表象に過ぎず、欲求とは欲求の表象に過ぎないのだ。

一方でフーコーによれば、この古典主義時代の思考の終わりは、表象の後退と、あるいは、言語の、生物の、欲求の、表象からの解放と一致するという。そこでは、「意志」や「力」といったものが近代的な経験として出現し、古典主義時代の終わりを、そしてまた、「表象の専制」、「表象的な言説の支配」の終わりを告げるのである。ここでフーコーが、「表象の終わりを告げるもの」と呼んでいる言語、生物、欲求を「外」の要素と捉えるならば、彼が「外の思考」と呼ぶ一連の形象が登場してくるのもまた、おおまかに言ってこの時期以降であると考えてよいだろう。

この点からすれば、フーコーが「外の思考」の先駆者とみなすサドは、まさに古典主義時代と近代との転換期にふさわしい文学的様態が認められるという意味で、とりわけ注目に値する存在と言える。つまり、サドの文学は、「欲望の法なき法と、言説的な表象の綿密な秩序との不安的なバラ

(7) *Ibid.*, p. 564/360. フーコーは、ブランショの「弟子」とも言われるロジェ・ラポルトに関する書評でも、ラポルトにおける彼の様態に言及している。以下を参照。«Guetter le jour qui vient», n° 15 (1963), p. 292/344 et suiv.
(8) *MC*, p. 221-222/230.

ンス」[9]を表しているのである。フーコーによれば、サド的な「放蕩〔libertinage〕」の原理を体現した者、つまり「放蕩者〔libertin〕」とは、「欲望のあらゆるファンタジーと、あらゆる激発に従うと同時に、意図的に用いられた明晰な表象によって、そのもっとも微細な動きまで照らし出す」者である。[10]そこでは、あらゆる表象は、欲望の生きた身体のなかで直ちに活気づけられなければならないし、一方であらゆる欲望は、表象的な言説の純粋な光のなかで発されなければならないのである。

セルバンテスが一七世紀の初頭に描いたドン・キホーテは、一六世紀の人々がしたように世界と言語の関係を読むことで、類似の作用のみによって、旅籠のなかに城を、田舎娘のなかに貴婦人を読み取り、知らぬ間に純粋表象の様態のなかに閉じ込められてしまったわけだが、ある意味で、サドの登場人物たちは、このドン・キホーテと対応関係にあると言える。それは、どのような意味においてか。つまり、ルネサンスの終わりに現れた『ドン・キホーテ』において問題となっているのが「類似に対する表象の皮肉な勝利」であるのに対し、古典主義時代の終わりに現れた『ジュスティーヌ』や『ジュリエット』において問題となっているのは、今度は、「表象の限界を打ち破りにくる、欲望の暗い反復的暴力」だ、というわけである。[11]

実際、たとえば、ジュスティーヌ自身は欲望を表象という形でしか知らないのに対し、この物語において彼女は、他者にとっての欲望の対象として、表象と欲望を交流させる機能を果たす。一方でジュリエットは、可能なあらゆる欲望の主体であるが、それらの欲望は、残らず表象に取り込まれる。こうして、ジュリエットの生涯という大いなる物語は、欲望、暴力、残酷さ、死といったも

のに沿って、「表象のきらめく一覧表《タブロー》」を展開するのである。(12)

サドは、欲望のあらゆる可能性を、いかなる言い落としも隠し立てもなく露呈させることによって、「表象すること」を、つまり「名指すこと［nommer］」を目指す言説に、いまだ属してはいる。しかし、そこではすでに、表象の下に、暴力、生、死、欲望、セクシュアリティが、これら表象に還元しえないさまざまなものが確かに渦巻いているという意味において、それは古典主義時代の言説と思考の果て、その限界ともなっているのである。

さらにサドは、フーコーが六〇年代の文学論において追求した「主体の消滅」というテーマにとって、最良の例ともなるだろう。このことをフーコーは、『言葉と物』出版の翌年に行われたインタビューのなかで、次のように語っている。

それは、エロティシズムにおける主体の否認、あるいは、もっとも算術的な実証性における諸構造の完全な展開です。というのも、結局のところサドとは、エロスのもっとも論理的な組み合わせの全体が、もっとも極端な帰結へと至るという、そうした展開に他ならないのです。そしてそ

(9) *Ibid.*, p. 222/230.
(10) *Ibid.*, p. 222/231.
(11) *Ibid.*, p. 223/231.
(12) *Ibid.*, p. 223/232.

れは、（少なくともジュリエットの場合は）主体そのものの高揚のようなもののうちで、主体の完全な破裂へと至る高揚のうちで起こるのです。[13]

すなわち、サドのエロティシズムとは、欲望のあらゆる可能性を算術的な展開へと、あるいは論理的な組み合わせへと委ねることによって、そこにおける主体の存立を不可能にするような運動だというわけである。

こうしてサドは、近代のとば口にあって、「外」の時代の到来を告げるメルクマールとして位置づけられる。そこで「外」は、欲望を中心とした超表象的な力として現れ、主体を限界へと至らしめるものとなっている。サドに萌芽を認められるこの思考は、とりわけ二〇世紀の文学において、十全な展開を見せることになるだろう。

2　言語の無限増殖

2-1　シミュラークルの空間

すでに述べた通り、「外の思考」は、そもそもブランショ論として著されたものであり、そこで「外」は、「語る〈私〉」の不在によって、根源的な三人称性によってしるしづけられていた。フーコーによれば、ブランショとは、さまざまな作品が、「言語の外面によって互いに結びついているということ[14]」を、そしてまた、作品というものが、作者の存在に還元されえない「永遠の外の流れ」に他ならないことを示した最初の作家であるのだ。一方で、前節で言及したサドのように、そこでは他にもさまざまな作家が「外の思考者」として挙げられていた。なかでも重要なのは、同時期のフーコーが個別に論考を捧げているクロソウスキーとバタイユだろう。

たとえばフーコーは、「外の思考」のなかで、クロソウスキーにおける「外」の経験とは、「分身、シミュラークルの外在性、〈自我〉の演劇的かつ途方もない増加」といったものである、と述べていた。(15) クロソウスキー論である「アクタイオーンの散文」によれば、クロソウスキーが彼の言語によって描き、動かすあらゆる形象はシミュラークルである。(16) すなわちそれは、「空虚なイメージ」であり、「何かの表象」であり、「ある記号を他の記号と取り違えさせる嘘」であり、「〈同〉と〈他〉の同時的な到来」なのだ。

シミュラークルの特徴は、「記号［signe］」と異なり、ひとつの意味を定めることがないという点にある。クロソウスキーにおいてそれはまず、登場人物の存在様態として見出される。そこでは、個々の同一性を極限まで縮減された〈人間＝シミュラークル〉が際限なく増殖を続けるのである。フーコーによれば、クロソウスキー作品の登場人物においては、あらゆることが断片化され、砕け

（13）«Qui êtes-vous, professeur Foucault ?», n° 50（1967）, p. 643/472-473.
（14）«Sur les façons d'écrire l'histoire», n° 48（1967）, p. 621/441.
（15）«La pensée du dehors», n° 38（1966）, p. 550/340.
（16）«La prose d'Actéon», n° 21（1964）, p. 357/65.

散り、一瞬のうちに現れては消え去る。
彼らは、生きていることも死んでいることもあるだろうが、そうしたことはほとんど重要ではない。彼らにおいては、忘却が〈同一的なもの［Identique］〉を注意深く見張っているのだ。彼らは何も意味することなく、自分自身をシミュレートする。(17)

こうして、あらゆる形象＝シミュラークル［figure-simulacre］は、その場その場で姿を変え、これらの瞬間的なねじれは、経験の「変質装置［alternateur］」の作用によって生み出されていく。クロソウスキーの「ロベルト三部作」において、物語の語り手は次第に同定不可能となり、やがては、「互いにささやき合う声の重なり合い」としか言えないようなものとなっていく。フーコーは、そこで起こることを次のように表現している。

語る主体は、互いにささやき合い、暗示を与え合い、打ち消し合い、入れ替わるさまざまな声のなかに散り散りになっていく。それはまた、書くという行為や作家が、シミュラークルの隔たりのなかへと四散し、そのなかで呼吸をし、生きることになる、ということである。(18)

クロソウスキーが、いかなる内面性にも関わらない固有の言語によって切り開いたものこそ、このシミュラークルの空間であり、こうして、文学が関わるのは、人間でも記号でもなく、分身の空間、「シミュラークルという空洞」になる[19]。ここから、主体の同一性が限りなく希薄になり、無数の匿名的な声のなかへと散逸していくようなシミュラークルの空間は、「外の空間」と言われることになる。

2-2　限界と侵犯

一方で、バタイユにおいて「外」は、セクシュアリティをめぐる「侵犯［transgression］」によって示される。フーコーによれば、セクシュアリティとは、もはや冒瀆すべきものがなくなった世界（つまり神なき世界）において、「対象なき瀆聖［profanation］」[20]を可能にするものであり、フーコーはこの、「もはや聖なるものにポジティヴな意味が認められていない世界における瀆聖」を指して、「侵犯」と呼ぶ。言い換えるならば、侵犯とは、聖なるものをひとつの「空虚な形式」として再構成するものなのだ。

この意味において、侵犯と限界［limite］とは、互いに自らの存在を相手の存在に負うものと言うことができる。すなわち、侵犯とは限界なしには意味を持たないものであり、反対に、限界もま

（17）*Ibid.*, p. 360/68.
（18）*Ibid.*, p. 365/76.
（19）*Ibid.*
（20）«Préface à la transgression», n° 13 (1963), p. 262/305.

た、侵犯という身ぶりがなければ実在しえないのである。そして、フーコーによれば、バタイユ的な「エロティシズム」の根底には、この限界と侵犯との相互作用を認めることができるという。それは、侵犯によって主体を限界にまで至らしめるような経験、ある種の神的な経験である。

　重要なのは、バタイユにとって、主体の限界を侵犯する「エロティシズム」の経験がなされるのが、第一に言語のなかにおいてだということである。[21] そこで主体は、「自ら語り、主人を持たない言語」、いわば「外の言語」の存在に気づき、そしてとりわけ、何ごとかを語るまさにその瞬間、自分が自分の言語のなかにいつも同じように身を置いているわけではないことに気づく。語る主体の場所には、ある空虚が穿たれ、そこでは、多数の語る主体が互いに結びついては離れ、組み合わさり、排除し合うのである。[22]

「哲学的主体性」の崩壊、言語の内部への散逸、そして増殖。フーコーがバタイユの作品に見て取るのは、こうした「現代の思考の基本構造」である。この哲学の主体の散逸のなかを、哲学の言語は、主体を再び見出すためではなく、限界に至るまでその喪失を体験するために進む。[23] そこで言語が体験するのは、「自己の外へと完全に散逸し、完全な空虚に至るまで自己を空にされた」ところの主体であり、また、言語がおのずから語るのは、主体が残した途方もない空虚のなか、つまり「外」においてである。

　以上の二者についての議論からは、どのようなことがわかるだろうか。それは、フーコーが、「イメージ」(クロソウスキー)や「言語」(バタイユ)が、それを統べる主体を持たないまま増殖する様に「外」の有り様を見出していた、という事実である。それは一方で、シミュラークルの変転として、他方で、限界と侵犯の相互作用として、それぞれ経験されることになる。

3　絵画空間の外

3－1　古典主義時代の表象

ここまで見てきた通り、フーコーの「外」はまず、ブランショ論をはじめとする文学論を中心に展開されるものと言える。しかしながら一方で、同時期に発表されたいくつかの絵画論には、これとパラレルなモチーフ、つまり「外」としか表現しようがない形象が現れていることも、また事実である。

フーコーは、六〇年代後半から七〇年代の前半にかけて、象徴的な絵画論を三編発表している（ただし、初出はいずれも六〇年代後半）。すなわち、まずベラスケスの《侍女たち》についての論考[24]、次にマネの諸作品をめぐる講演[25]、最後に《イメージの裏切り》（《これはパイプではない》）を中心とし

（21）フーコーは、経験が言語の内部でなされるものとなっている点について、バタイユといわゆる「テル・ケル」派の共通性を指摘している。以下を参照。«Débat sur le roman», n° 22 (1964), p. 367/79.
（22）«Préface à la transgression», n° 13 (1963), p. 270/316.
（23）*Ibid*., p. 271/317.
（24）初出は一九六五年の『メルキュール・ド・フランス』誌。その後、同テクストに改訂したものが、一九六六年発表の『言葉と物』の第一章に収められた。

図1　ディエゴ・ベラスケス《侍女たち》1656年、318×276cm、油彩・カンバス、プラド美術館

たマグリット論[26]である。ここでフーコーが、三つの絵画論を通じてさまざまな角度から浮かび上がらせようとするのは、「表象」の体制からの絵画の解放という事態である。フーコーは、「外の思考」において、「言語が表象の専制から逃れ、それ自体から出発して展開する」ような事態を「外」と呼んでいたが、これらの絵画論においても、問題となるのは、絵画の作り出す表象空間に侵入し、それに亀裂をもたらすような「外」の要素である。本節では、この観点から三編を、初出の年代順に検討していきたい。

まず、『言葉と物』の第一章として知られる《侍女たち》（図1）の分析においてフーコーは、このベラスケスの代表作のなかに、「古典主義時代の表象の表象」[27]を見て取っている。すなわち、フーコーによれば、このタブローのなかには、「古典主義時代の表象が開く空間の定義」があるというのだ。どういうことだろうか。

ベラスケスの《侍女たち》は、タブローの前方にあるひとつの領域を中心として構成されている。それは、「タブローの外部にあるために絶対に接近不可能であるが、しかしタブローを構成するあらゆる線によって規定されているところの場所」である。[28]フーコーはそれを、タブローの外部にあり、本質的な不可視性のなかへと引きこもっている限りにおいて、周囲のあらゆる表象を秩序づけるところの「構成の真の中心」である、と言う。[29]この中心が、象徴的に「至上のもの〔souverain〕」であるのは、それがタブローに対して占める三重の機能による。すなわちそれは、モデルと鑑賞者と画家という三者の視線が重なり合う地点、三つの「眼差し」の機能が混ざり合う地点なのである。

一方で、観念的かつ実在的なこの不可視の中心は、三つの機能に対応する三つの形象として、タ

(25) 本講演は、いくつかの変更を加えつつ、ミラノで一九六七年に、東京とフィレンツェで一九七〇年に、チュニジアで一九七一年に行われた。またフーコーは、一九六七年にミニュイ社とのあいだで、『黒と色彩』と題されたマネ論の執筆について契約を結んでいるが、本書が実現することは結局なかった。二〇〇四年に『マネの絵画』というタイトルで単行本化されたものは、七一年の講演の録音を書き起こしたものである。なお、二〇一一年には、「黒と表面」と題された別の講演の原稿を収録したアンソロジーが刊行された（«Le noir et la surface», in *Cahier Foucault*, Frédéric Gros, Philippe Artières, Jean-François Bert et Judith Revel （dir.）, Paris, Herne, «Les Cahiers de l'Herne», 2011, p. 378-395）。

(26) 初出は一九六八年の『カイエ・デュ・シュマン』誌。その後、同テクストに増補改訂したものが、マグリットの二通の手紙と四枚のデッサンを付す形で、一九七三年に単行本として出版されている。

(27) *MC*, p. 31/40.

(28) *Ibid.*, p. 29/38.

(29) *Ibid.*, p. 30/39.

ブローの内部に投影されてもいる。三つの形象とはすなわち、まず画面左側に位置する画家であり、次に画面右側の扉の傍に立つ訪問者（鑑賞者）であり、最後に中央に浮かび上がる国王夫妻（モデル）である。ここでフーコーは、中央の鏡、「モデル」の形象である国王夫妻を映し出している鏡について、それが、「何かを明示するのと同じくらい、またそれ以上に隠す」効果を持つものであることを指摘する。[30] というのも、国王夫妻という「モデル」が鎮座している場所はまた、画家と鑑賞者の場所でもあるからだ。鏡の反射は本来、タブローに内在的には無関係なもの、つまり画家と鑑賞者の視線を内部にもたらすものであるが、ここで彼らは、タブローの空間内部にすでに現前してしまっているために、鏡のなかには宿ることができないのである。また逆に、鏡のなかに宿っているモデルは、タブローの空間内部に現前することはできない。

さてそれでは、このような仕方でタブローが示しているのは何であるのか。フーコーによれば、それは、「見られるものの深い不可視性が、見る者の不可視性と関連している」[31] という、ある種の両立不可能性に他ならない。すなわちここでは、表象する者と表象されるものとの関係、この「表象の二重の関係」は必然的に断ち切られており、それが十全な形で現前することは決してありえないのである。ベラスケスのタブローは、モデル、鑑賞者、画家という三者の存在を表象しようとするものであるが、一方でそこには、この両立不可能性から来る「本質的な空虚」が明示されてもいるのである。

『言葉と物』においてフーコーは、古典主義時代以降――そしておそらく現代まで――、記号が、自らがしるしづけるところのものと、「類似［ressemblance］」という紐帯、このルネサンス的な秩序によって結びつくことをやめ、[32] 表象の内部で、「それ自体と戯れる」[33] 存在となったことを指摘しているが、彼がベラスケスのタブローに見出したものもまた、「類似」という、自らをつなぎ止めてきた関係からついに自由になった表象が、「純粋な表象」として現れるような事態に他ならない。[34] そこではまた、ルネサンスにおいて「類似のロンド」を司っていた鏡が、ある「本質的な空虚」を示すために用いられている。

3-2　絵画の物質性

一方で、ここで示された「純粋な表象」、この一七世紀後半に現れ現代に至るまで支配的な体制に対して、ある種の「ほころび」とでも言うべきものを——それぞれ異なった角度から——論じたのが、後に書かれるマネとマグリットをめぐる考察である。

フーコーは、一九六七年から一九七一年にかけて世界各地で行われた四回の講演のなかで、マネについて論じている。ここでフーコーは、マネのことを、「タブローの内部で、タブローが表象するものの内部で、自らがその上に描いているところの空間の、物質的な特性を用いることをあえて

(30) *Ibid.*
(31) *Ibid.*, p. 31/40.
(32) *Ibid.*, p. 72/83.
(33) *Ibid.*, p. 81/92.
(34) *Ibid.*, p. 31/41.

行った最初の画家」と紹介している[35]。フーコーによれば、一五世紀以来、西洋絵画においては、絵画というものが、ある空間の断片上——たとえば、壁、木の板、カンバス、紙片といった——に置かれた、あるいは刻まれたものであるという事実を忘れさせ、隠蔽し、巧みにかわそうとすることが伝統であったという。すなわちそこでは、絵画というものが、二次元の表面に基づくものであるということを忘れさせ、物質的な空間を表象された空間で置き換えることがつねであったのだ。こうして一五世紀以来、絵画は、二次元の表面に基づきながら、三次元を表象しようとしてきた。

フーコーによれば、こうした絵画の企みは、具体的には、おもに三つの事実の否定として現れてきた。すなわち、まず絵画は、斜線や螺旋を可能な限り特権化することにより、自らが、直線によって区切られた空間内部に刻まれるものであるという事実を否定してきた。また、絵の内部でさまざまな照明効果を表象することにより、自らが、タブローの置かれる位置や太陽光の具合によって変化するところの現実の照明にさらされるものであるという事実を否定してきた。最後に、鑑賞者にとっての「理想的な場所」というものを設定することによって、タブローとは、鑑賞者が前を移動することができ、周囲を回ることができるような空間の一断片であるという事実を否定してきた。こうして、一五世紀以降の西洋絵画において、タブローの物質性、つまり、タブローというものが、「現実の光に照らされ、周囲を自由に移動することができる長方形の表面」であるという事実は、そこに表象されるものによって巧妙に隠され、代わりにタブローは、理想的な場所から眺められた、奥行きのある空間を表象してきたのである[36]。

さてフーコーは、西洋絵画の伝統を以上のように概括した上で、マネの革新性を、タブローに表象されているものの内部で、カンバスの物質性そのものを出現させた点に認める。すなわち、マネのタブローのなかには、縦横の直線からなる長方形の表面、カンバスに当たる現実の照明、鑑賞者がカンバスを見る方向性の自由といったものが現れているというのだ。マネは、これらの物質性を表象のなかに再導入することによって、ひとつの「タブロー＝オブジェ［tableau-objet］」とでも言うべきもの、あるいは「物質性としてのタブロー」を発明したというのが、この講演におけるフーコーの主張の核心である。[37]

ここでフーコーは、カンバスの物質性を、安定した表象空間に対するいわば「外部」として措定した上で、この「外」の要素を表象の内部に現出させたという点に、マネの革新性を認めている。また、こうしたマネの手法は、表象の臨界点において、そこへと還元不可能な「現実」を垣間見せるようなサドの手法と相似形をなすものと言うこともできる。

3-3　シミュラークルとしての絵画

一方でフーコーは、「これはパイプではない」と題されたマグリット論において、マグリットの諸作品を「シミュラークル」の観点から論じている。「言語的記号と造形的要素の分離」、そしてま

(35)　*PM*, p. 22/5.
(36)　*Ibid.*, p. 23/5-6.
(37)　*Ibid.*, p. 24/6.

た、「類似と断定との等価性」。ここでは、マネについての議論とは別の観点から、この両者こそ、一五世紀から二〇世紀に至るまで西洋絵画を支配してきた原理であるとされる。[38]

それに対して、マグリットの革新性は、類似と断定との結びつきを切り離し、絵画に属するものを保持しつつ言説に近いものを排した点にあるという。それは、マグリットの絵画において、「似たようなものが限りなく続いていくのを可能な限り追うこと、ただし、それが何に似ているのか言おうとするあらゆる断定を取り除くこと」[39]という方法として現れる。こうしてマグリットの絵画は、「〜のような」から解放された「〈同〉」の絵画」となるだろう。

フーコーはここで、「類似［ressemblance］」と「相似［similitude］」という二つの概念を区別し対置した上で、マグリットの絵画を「相似」に特化した絵画として特徴づけている。[40]類似とは、「パトロン」を、つまり、そこから発生するあらゆるコピーを秩序づけ、ヒエラルキー化するところの、オリジナルの要素を持つものである。それに対して相似は、始まりも終わりも持たないセリーのなかで発展するものである。このセリーは、いかなる方向性もヒエラルキーも持たないが、しかし少しずつ差異を増幅させることになるだろう。要するに、類似が「表象」に役立つとするならば、相似は「反復」に役立つものであり、類似がモデルに従って秩序づけられるとするならば、相似は「シミュラークル」を、つまり、「「似ているもの」の「似ているもの」」に対する、際限のない、可逆的な関係[41]」を循環させるものである、と言うことができる。

こうしてマグリットの絵画は、「それ自体へと送り返す」ところの相似として規定される。それはもはや、「カンバスの表面を垂直に貫いて、他のものへと送り返すインデックス」ではなく、「自らより出発して広げられ、自らの上に折り畳まれる」シミュラークルとなるのである。[42] そこでイメージは、タブローの平面を駆けめぐり、そのなかで増殖し、広がり、答え合うのだが、しかし一方でそれは、何を断定することも、表象することもないのだ。マグリットは、クロソウスキーが文学で行ったことを、絵画の領域で行ったとも言えるだろう。すなわち彼は、絵画表象が開く内的な空間のなかで、シミュラークルの空間という「外の空間」を展開してみせたのである。[43]

このように、マネにおける「カンバスの物質性」とマグリットにおける「シミュラークルとしてのイメージ」は、それぞれの仕方で、絵画が織りなす表象空間に「外」の要素を導入したものとみなすことができる。

---

(38) *CP*, p. 27-30/47-53.

(39) *Ibid.*, p. 41/72.

(40) 『言葉と物』では両者を区別していなかったフーコーに、この区別の着想を与えたのは、同書を読んだマグリットから六六年に送られた手紙である。手紙に同封されていた画家の作品の複製のなかに、《イメージの裏切り》(《これはパイプではない》)があり、その裏面には、「タイトルはデッサンに反駁するのではなく、それを別の仕方で断定するのだ」と書かれていた。以下を参照。Dominique Chateau, «De la ressemblance : un dialogue Foucault-Magritte», in *L'Image. Deleuze, Foucault, Lyotard*, Thierry Lenain (dir.), Paris, J. Vrin, «Annales de l'Institut de philosophie et de science morales», 1997, p. 95-108.

(41) *CP*, p. 42/74.

(42) *Ibid.*, p. 48/86.

4　アーカイブとしての外

4-1　図書館というアーカイブ

ここまでは、六〇年代のフーコーにとってメルクマールとなるいくつかの文学論や絵画論を検討することによって、フーコーの芸術論における「外」概念の重要性およびこの概念の輪郭を浮かび上がらせてきた(44)。そこから明らかとなったのは、表象の作用を逃れ去る「外」の様態であり、また、表象を司る統一的な主体の解体とも言える事態である。これらの論点は、言うまでもなく、六六年に発表された『言葉と物』末尾の有名な一節、なかでも、「波打ち際の砂の表情のごとく消え去る人間(45)」という形象と響き合うものであるだろう。それでは、この「表象の外部」と主体との関係は、フーコーのなかでどのように理解することができるだろうか。以下では、こうした点について、「アーカイブとしての外」という観点から見ていきたい。

フーコーは、六〇年代の文学論のなかで、今日の言語空間は、ボルヘスの「バベルの図書館」によって特徴づけられる、と述べている。そこでは、語りうるあらゆることは、すでに語られ、これまでに考えられ、想像されたあらゆる言語、さらには、考え、想像しうるあらゆる言語が見出される。すべてのことは、何の意味も持たないことでさえ、すでに発されてしまい、その結果、「ちょっとしたまとまりを持つ形態［la plus mince cohérence formelle］」を新たに見つけることは、ほとんど不可能となってしまった、というわけである。そこで明らかとなったのは、いまや言語は、

それ自体が無限に増殖し、〈同〉の二重化された形象のうちに、果てしなく反復していくものだと

(43) ところで、シミュラークルという概念は、フーコーの盟友であったドゥルーズにおいても重要な意味を持つことが知られているが、両者におけるこの概念の外延や、また相互の関係について明晰な見通しを与えてくれる論文として以下がある。Philippe Sabot, «Foucault, Deleuze et les simulacres», *Concepts* n° 8, «Gilles Deleuze-Michel Foucault : continuité et disparité», Sils Maria éditions/Vrin, mars 2004, p. 3-21. なお、フーコーにおいて、このシミュラークルへと結実するような萌芽は、「イメージの自律性」とでも言うべき発想とともに、五四年発表の「ビンスワンガー『夢と実存』への序文」において、すでに提示されていたことは注目に値する（«Introduction, *in* Binswanger (L.), *Le Rêve et l'Existence*», n° 1 (1954), p. 138/136-137 ; p. 146/147）。

(44) 「可視的なもの」と「言表可能なもの」、それぞれの「外」について論じた前期のフーコーであったが、一方で彼の思想のなかでは、この「可視的なもの」と「言表可能なもの」とのあいだにはっきりとした区別があったことも事実である。彼は『言葉と物』で次のように述べていた。「言語と絵画の関係は無限の関係である。［……］それらは互いに還元不可能なのだ。つまり、一方で、見えるものを語っても無駄であるし、見えるものは語ることのうちには宿らない。また他方で、イメージ、メタファー、直喩によって語ろうとしているものを見せても無駄であるし、イメージ、メタファー、直喩が輝く場所は、眼が繰り広げる場所ではなく、統語論の継起が定義する場所である」（*MC*, p. 25/33-34）。それに対して、ドゥルーズによれば、この両者が（逆説的な仕方で）出会うのが、「外」の次元である。「もし見ることと話すことが外部性の形式であるのなら、思考することは、形式を持たない外に向けられている」（Gilles Deleuze, *Foucault* [1986], Paris, Éditions de Minuit, «Reprise», 2004, p. 93（ジル・ドゥルーズ『フーコー』宇野邦一訳、河出文庫、二〇〇七年、一六一頁））。そこでは、見ることが思考することに、話すことが思考することに、それぞれなる。こうして、思考することは、見ることと話すことのあいだで、つまり「外」で成立するものとされ、この意味において、まさに「外の思考」こそが、「可視的なもの」と「言表可能なもの」との蝶番の役割を果たすとされる。

(45) *MC*, p. 398/409.

いうことである。[46]

言語は、二重化し、反復される可能性を、そして、鏡、自己自身のイメージ、アナロジーからなる垂直的なシステムを生み出す可能性を自らのうちに見出すのだ。[47]

こうして、文学が始まるのは、書物がもはや、言葉が何らかの形をとるようになる空間ではなく、「あらゆる書物が収められ、焼き尽くされる場所」となるときであるとされる。

それは、場なき場である。なぜならそこでは、過去のあらゆる書物が、この不可能な「一巻」に収められ、この一巻は、自らのつぶやきを、他の多くの書物のあいだに――他のあらゆる書物の後に、他のあらゆる書物の前に――並べることになるからである。[48]

この一巻には、「すでに書かれた書物」から発生した言語の諸要素、つまり、「すでに言われたことの繰り返し」が収められている。こうして図書館は、新たな空間において、開かれ、分類整理され、切り取られ、反復され、組み合わされるのである。[49]

そこで想像的なもの《イマジネール》は、すでに語られた言葉、細々とした情報やモニュメントの集積、複製の複製といったもののなかに宿ることになるだろう。

それは、さまざまな記号のあいだで、書物から書物へと、繰り返される話と註釈の間隙のなかで広がっていく。それは、さまざまなテクストのあいだで生まれ、成長する。それは、図書館の現象なのだ(50)。

4-2 アーカイブと作品

フーコーによれば、ブランショの言うところの「文学空間」とは、まさにこの図書館に他ならない。フーコーがブランショのなかに、「図書館」の現象の理想を見出すのは、まず、明白に過去のあらゆる世界文学の反響の上に成り立っているという、作品の様態的特徴のためである。

ブランショは、〈西洋〉のあらゆる重要な作品から、それが今日のわれわれに呼びかけるだけでなく、われわれが今日用いている言語の一部となることも可能にするような何ものかを引き出したのです。もし、われわれが用いる言語のなかに、ヘルダーリンが、マラルメが、カフカがはっ

(46) «Le langage à l'infini», n° 14 (1963), p. 288/338.
(47) *Ibid.*, p. 289/338.
(48) *Ibid.*, p. 289/339.
(49) «Postface à Flaubert», n° 20 (1964), p. 337/40.
(50) *Ibid.*, p. 325-326/24.

きりと現存しているとするならば、それはまさにブランショのおかげなのです[51]。

では、ブランショが世界文学のあらゆる大作品に呼びかけ、それをわれわれの言語へと織りなすのは、それらの作品を自らのうちに取り込んで、いわば「内在化」するためなのだろうか。そうではない。それは、反対に、それらの作品が徹底的にわれわれの「外」にあるということを、つまり、われわれと作品との「外在性」を示すために行われるのだ。

彼は、すでに書かれたさまざまな作品を、自らのなかに、自らの主観性のなかに取り込もうとはしません。彼は、自らを忘却にさらすことで[52]、この忘却から出発して過去の諸作品を浮かび上がらせるような、そうした存在なのです。

ここからフーコーは、ブランショを、「文学の外」として定義することになる。また、言い換えるならば、図書館という形象は、「外の文学」のメタファーに他ならないのである。

この図書館の形象に、絵画の分野で対応するのが、「美術館」の形象である。たとえばフーコーは、マネと美術館との関係を、フローベールと図書館との関係と相同的なものとみなしている。両者の相同性は、彼らがいずれも、過去に描かれた、あるいは書かれたものに対して、それぞれ根源的な関係を保ちながら創作を行う、という点に見出される。彼らの芸術は、「アーカイブの形成されるところ」に築かれるのである[53]。フーコーによれば、彼らが明るみに出したのは、「われわれの文化にとって本質的な事柄」、つまり、「今後それぞれのタブローは、「絵画」という大きな碁盤状の表面に属し、それぞれの文学作品は、「書かれたもの」という無限のつぶやきに属する」ということである(54)。

4-3 ネットワークとしての文学

一方でフーコーは、この「図書館」としての文学が、今日もはや消滅しつつあるということも指摘する。この、いまだ「歴史の単線的な発展」を存在形式としていた文学に代えて、いまや現れつつあるのは、「後に来るという（新しいという）事実が、まったく継起の線的な法則に還元されない」ような文学である(55)。フーコーが「ネットワーク〔réseau〕としての文学」と呼ぶこの文学は、作品間の「同時発生的な関係」を特徴とする。すなわちそれは、「類似」（あるいは「影響」や「模倣」）という秩序にも、「交代」（あるいは「継起」、「発展」、「学派」）という秩序にも属さない関係であり、「さまざまな作品が、互いに向かい合ったり、隣り合ったり、離れたりしつつ、互いを規定することが

(51) «Folie, littérature, société», n° 82 (1970), p. 992/460.
(52) *Ibid.*, p. 993/461.
(53) «Postface à Flaubert», n° 20 (1964), p. 327/26.
(54) *Ibid.* フーコーは別の箇所で、クレーの絵画についても同様の指摘をしている。以下を参照。«L'homme est-il mort ?», n° 39 (1966), p. 572/371-372.
(55) «Distance, aspect, origine», n° 17 (1963), p. 306/364.

できるような関係、それら作品の差異と同時性にともに依拠しつつ、特権も頂点もなく、あるネットワークの広がりを規定するような関係」である[56]。

フーコーは、この「言葉の葉脈［nervure verbale］」とでも言うべきネットワークを指して、「フィクション」と呼ぶ[57]。その根源にあるのは、いかなる始原的な言表も存在しないような、徹底的な「断片化」であり、「散乱した外在性」である。

フィクションの言語とは、すでに語られた言語のなかに、ついぞ開始されたことのないつぶやきのなかに挿入されるものである[58]。

それは、散乱の前の瞬間を復元することが決してできないような言語なのだ。

こうして、語る主体はテクストの外縁へと押し戻され、テクストにはただ、航跡の交差〈私〉あるいは〈彼〉、〈私〉であると同時に〈彼〉が、言語の他の襞のあいだの文法上の屈折が残されるのみである[59]。

ここからは、フーコーの想定する「外」が、ひとつのアーカイブとして、それも単線的なクロノロジーを前提としない、ある「アナクロニックな」アーカイブとして立ち上がってくるだろう。それは、「すでに描かれたもの」、あるいは「すでに書かれたもの」という形で、作者の外部につねにすでに存在し、時間的な前後関係を問題としない、ある「ネットワーク」を形成する。そのとき、作者の創作活動は、このアーカイブから出発してはじめて成立するものとなり、また、絶えずアーカイブへと送り返すことになるだろう。言い換えるならば、芸術における「外の思考」とは、アーカイブの絶対的な先行性を前提とするものだということである[60]。

（56） *Ibid.*
（57） *Ibid.*, p. 308/367.
（58） *Ibid.*, p. 309/368. 傍点は引用者による。
（59） *Ibid.*, p. 312/372.
（60） フーコーは、晩年に発表したピエール・ブーレーズ論のなかで、「歴史」に対するブーレーズの態度について語っているが、そこで論及されるブーレーズにとっての「歴史」もまた、この「アーカイブとしての外」を想起させるものとなっている。ブーレーズが自らの芸術実践のなかで、マラルメ、クレー、シャール、ミショー、カミングスといった「歴史」を参照するとき、そこでは、過去を固定的なものとして扱う「古典主義的な」態度も、現在を固定的なものとして扱う「懐古主義的な」態度のどちらも退けられている。それに対して、フーコーによれば、ブーレーズが歴史に注意を向ける際の目的とは、「現在も過去も、どちらも歴史のなかで固定した状態に留まらないようにすること」であり、「両者が永続的な相互作用の状態にあること」であるという（«Pierre Boulez, l'écran traversé», n° 305 (1982), p. 1040/6）。そこでは、進歩であれ退化であれ、時間における何らかの「極性」が措定されることはなく、あるのは、さまざまな「強度の点」だけということになる。この意味において、本節で示した「アナクロニックなアーカイブ」としての「外」は、ブーレーズの芸術実践における「歴史」に相当するものと言える。実際フーコーは、彼の歴史への関係を、「累積に注意を払わず、全体性を無視する」（*Ibid.*, p. 1041/7）ものであると評し、そこに見られるのは、「過去と現在に対して同時に起こる二重の変化」（*Ibid*）に他ならないとする。

5　作者の身分

フーコーは、このアーカイブの先行性を前提とした場合、真理や美という概念の地位もまた変化せざるをえないことを指摘している。彼によれば、「われわれはもはや、真理のなかにいるのではなく、さまざまな言説の一貫性のなかにいるのであり、美のなかにいるのではなく、さまざまな形態の複合的な関係のなかにいる」のだという。(61) ここで留意したいのは、フーコーが、真理に代えて「諸言説の一貫性」という言葉を、美に代えて「諸形態の複合的な関係」という言葉を、それぞれ用いている点である。こうしてフーコーは、いまや問題となるのは、いかにある個人が、さまざまな要素へと分解され、諸言説の一貫性や諸形態の無限のネットワークへと統合されうるか、ということであると主張する。かつて、ものを書く者にとっての問題とは、いかに匿名性から抜け出すかということであったが、今日のそれは、「固有名を消し去り、相互に結びついた諸言説からなる、大いなる匿名のつぶやきのなかに、自らの声を住まわせること」なのだ。(62)

「誰が話そうと構わない、誰かが言ったのだ、誰が話そうと構わない、と」。フーコーは、「作者とは何か」と題された講演のなかで、このベケットの言葉に、その「無関心［indifférence］」に、「現代のエクリチュールの根本的な倫理原則のひとつ」を認めている。(63) すなわちそこには、「表現」というテーマから解放され、「それ自身しか参照することがない」今日のエクリチュールの様態が見られる、というわけである。そこでエクリチュールはもはや、内面性の形式に囚われることはなく、反対に、外在性の展開と一致することになる。

それでは、こうした現代のエクリチュールの様態を背景としたとき、それを産出する存在、つまり「作者」とはどのようなものと定義することができるだろうか。フーコーによれば、作者とはもはや、言説の外部にあって、それを生み出したところの現実の個人へと送り返すものではないという。そうではなくそれは、「テクストの境界を走り、それを浮かび上がらせ、その稜線をたどって、存在様態を明らかにする、あるいは少なくとも、それを特徴づける」ようなものであるのだ[64]。フーコーは、現代における作者とは、ある言説グループと、その特異な存在様態を明らかにするような「機能」として作動するものである、と述べる。そうして彼は、「ある社会の内部における特定の言説の存在様態、循環、機能に特徴的なもの」を「機能としての作者［fonction-auteur］」[65]と呼び、その特徴を次のようにまとめている。

機能としての作者は、言説の世界を取り囲み、規定し、分節する法的・制度的なシステムに結びつく。またそれは、あらゆる言説に対して、あらゆる時代において、あらゆる文化形態におい

(61) «Sur les façons d'écrire l'histoire», n° 48 (1967), p. 624/444.
(62) *Ibid.*, p. 624/445.
(63) «Qu'est-ce qu'un auteur ?», n° 69 (1969), p. 820/228.
(64) *Ibid.*, p. 826/235.
(65) *Ibid.*

て、一様に、同じ仕方で行使されるものではない。さらに、それが定義されるのは、ある言説の、その産出者に対する自然発生的な帰属によってではなく、特定の複合的な操作の連続によってである。最後にそれは、現実の個人に送り返すだけのものではなく、同時に複数のエゴを、複数の位置＝主体［position-sujet］──さまざまな階層の個人が占める可能性があるところのもの──を発生させるものである。(66)

こうして作者は、現実の個人とは異なる存在として、フィクションをある種の仕方で境界画定し、排除し、選別する機能原理として捉え直される。それは、意味作用の無限の源泉ではなく、反対に、意味の増殖を制限するものである。フーコーは、一八世紀以来、フィクションの調整者の役割を果たしてきた「機能としての作者」が、フィクションをめぐる新たな状況を受けて、いまや変質しつつあることを示唆して、この講演を締めくくっている。(67)

さて、ここまで見てきた言表のアーカイブ性や言表主体の匿名性といったテーマは、六九年に発表される『知の考古学』のなかで詳細に論じられることになる。一方で、これらのテーマは、フーコーが六三年に発表した『レーモン・ルーセル』や他のルーセル論のなかで、先取り的に展開されてもいた。ここから、次章では、両議論の対応関係を念頭に置きつつ、フーコーのなかで生涯を通じて特権的な作家であったルーセルをめぐる議論を検討することによって、彼の「外の芸術論」をより深く理解していきたい。

(66) *Ibid.*, p. 831-832/241-242.
(67) *Ibid.*, p. 839/251.

第二章　「外」に触れること——ルーセルと「狂気」の言語

『狂気の歴史』の末尾においてフーコーは、ひとつの謎めいた言葉を残している。それは、狂気とは「作品の不在［absence d'œuvre］」に他ならないという断言である。[1] ここでフーコーは、ニーチェ、ゴッホ、アルトーらの狂気と、彼らの残した作品との関係について語りながら、次のように結論している。

狂気は作品の最後の瞬間としてしか存在しないし、作品は狂気を際限なくその境界へと押し戻す。作品が存在するところには、狂気は存在しないのだ。[2]

（1）　*HF*, p. 662/558.
（2）　*Ibid.*, p. 663/559.

フーコーによって提示された作品と狂気との両立不可能性、このテーゼは何を意味するものだろうか。

六〇年代のフーコーは、狂気を、「侵犯であると同時に異議申し立てでもあるような経験」として語っている。(3) 人々の行動に限界を課し、場合によってはある種の行動を排除するのが、「文化」というものの基本構造であるとして、そうした限界の侵犯や、「分割［partage］」への異議申し立てが、とりわけ激しく、はっきりと現れる分野や領域がある。フーコーによれば、古典主義時代における理性／狂気の問題とは、そのようなものであり、そこにおいて狂気は、上記のような経験として位置づけられる。またフーコーは、現代においてこの理性／狂気の問題が、その限界、異議申し立て、侵犯の作用がもっともはっきり現れるのは、言語の領域であるとも指摘する。(4)

フーコーが、この狂気の経験の現れを認めるのが、「自己の内部で二重化されるような言語」である。それは、「承認されたコードに見かけ上は適った言葉を、その言葉自体のなかに鍵が与えられている別のコードに従わせる」ような言語である。(5) このような言語においては、何が言われているのかは、つまり意味はほとんど重要ではなく、むしろ言語《ランガージュ》の内部における言葉《パロール》の解放こそが目指されている。そしてまた、この「言葉の管理不可能な逃走」こそ、いかなる文化も受け入れることができないものであるのだ。このような言葉を「侵犯的」と言うとき、それは、意味や言葉の素材ではなく、その作用を指している。(6)

「二重の言語」としての狂気の経験は、それが意味を「留保」し、宙吊りにし、限りない意味がそこにやってきては留まるような空虚を形作るものであるという点で、厳密な意味では、「何も語らない言語」、つまり「非＝言語」であるとも言える。ここからフーコーは、狂気とは、ひとつの「作品の不在」[7]に他ならない、と述べるのである。冒頭のフーコーの言葉もまた、この意味に解するべきであるだろう。

また、フーコーによれば、現代においては、言語の「自己＝包含」、「分身」、「空虚」といった存在様態をめぐって、狂気と文学は「奇妙な隣接関係」を結ぶことになるだろう。フーコーはそれを、「マラルメから現在に至るまで生起してきた文学の存在は、フロイト以降に狂気の経験が成立している地帯に及んでいる」と表現している[8]。ここからは、前章で論じてきたところの「外」の芸術が、多かれ少なかれ狂気の領域に属するものであることがわかる。

以上を踏まえた上で、本章においては、フーコーによるルーセル論を中心に検討していきたい。というのも、フーコーが単著の形でモノグラフを捧げた唯一の作家であるルーセルとは、まさに、

（3） «Débat sur la poésie», n° 23 (1964), p. 423/156.
（4） *Ibid.*, p. 426/160-161.
（5） «La folie, l'absence d'œuvre», n° 25 (1964), p. 444/189.
（6） *Ibid.*
（7） *Ibid.*, p. 446/191.
（8） *Ibid.*, p. 447/193. フーコーにおける狂気と文学の関係については、以下の著作の第三章も参照。Frédéric Gros, *Foucault et la folie*, Paris, PUF, «Philosophies», 1997〔フレデリック・グロ『フーコーと狂気』菊池昌実訳、法政大学出版局、二〇〇二年〕.

彼自身の「狂気」によって、言語の二重化を極限まで推し進めた作家に他ならないからである。また、それのみならず、フーコーはルーセルのなかに、前章で論じたような「アーカイブとしての外」や、それに対応した「言表主体の根源的な匿名性」――『知の考古学』において厳密な形で理論化されるところのもの――を読み取っていた。その意味において、フーコーによるルーセル論は、前章で論じてきたところの「外の芸術論」のひとつの集約と捉えることができるだろう。

1　ルーセルの「方法」

ルーセルは、一八七七年にパリで生まれ、一九三三年、五六歳にしてシチリア島のパレルモで没した。その死は、自殺であったとも言われる。生前は、シュルレアリストをはじめとする一部に熱狂的に支持されたものの、ついに一般的な理解を得ることはなく、失意のうちに生涯を終えたこの不遇の作家は、死後出版を命じていた、「遺書」とも言える著作、『私はいかにして或る種の本を書いたか』のなかで、自らの作品のうちのいくつかが、ある「方法［procédé］」を用いて書かれたものであることを明らかにし、さらには、方法の内実を詳らかにするに至るのである。

この本のなかでルーセルが明らかにする方法とはまず、「ほとんど同じ二つの単語を選び［……］それからそれに、綴りは同じだが、意味の違ういくつかの単語を付け加える」ところから始まる。(9)たとえばそれは、彼が挙げている例（『黒人たちのなかで』という短編の例）で言えば、まず billard（ビリヤード）と pillard（強盗）という二つの単語を選んだ上で、それぞれ «Les lettres du blanc sur les bandes du vieux billard» と «Les lettres du blanc sur les bandes du vieux pillard» という文にすることである。

二つの文は、billard と pillard という単語以外は、もっと言えば、両単語の b と p という頭文字以外、表面上は違いがないように見えるのだが、実際には、文中のわずか一単語（のうちの一文字）が違っているだけで、意味的にはまったく別のものになってしまう。すなわち、この場合、前者は「古いビリヤード台のクッションに書かれたチョークの文字」という意味になるし、後者は「年老いた強盗の一味についての白人の手紙」という意味になる。そして、この方法によれば、二つの文が見出された後には、片方の文で始まり、もう片方の文で終わる作品の実現が目指される。

ここで注目すべきなのは、二つの文にこのような意味上の違いが現れるのは、たんに billard と pillard という単語の違いのみによるのではなく、それ以外の同一の単語も、二つの文のあいだでそれぞれ異なった意味で解釈されているからだ、ということである。実際、同じ綴りの言葉を別の意味にとることから着想を得るという方法は、ルーセルの創作の核となっていくだろう。やがて彼は、それをさらに展開して、前置詞の à によって結びつけられた二つの単語を、それぞれ別の意味にとることから創作の源を得るようになる。

（9） Raymond Roussel, *Comment j'ai écrit certains de mes livres* [1935], Paris, Jean-Jacques Pauvert, 1963, p. 11〔レーモン・ルーセル「私はいかにして或る種の本を書いたか」岡谷公二訳、ミシェル・レリス『レーモン・ルーセル――無垢な人』、ペヨトル工房、一九九一年所収、一〇八頁〕.

一方で、ルーセルの方法には、もうひとつのタイプ、彼が「発展的な方法」と位置づけるものがある。それは、任意の文、歌詞、詩を取り上げて、「それをばらばらにして、そこから判じ絵を取り出すように、さまざまなイメージ引き出す」というものである。[10] たとえば、彼が挙げている例によれば、『私はおいしいタバコを持っている』という俗謡の冒頭の一行《J'ai du bon tabac dans ma tabatière》（「私はタバコ入れにおいしいタバコを持っている」の意）を、《Jade tube onde aubade en mat à basse tierce》と読み替えることによって、この文から、jade（ヒスイ）、tube（チューブ）といった名詞や、en mat（つや消しの）といった状態を表す言葉などからなる一連のイメージを引き出す、という具合である。他にも、動詞や何らかの文という形をとる場合もあるが、いずれせよ、こうして引き出されたイメージはすべて、同一の語を別の意味にとることから発する方法の場合と同じく、創作の着想となっていく。

このように、ルーセルの方法とは、言葉のわずかなずれによって言語のなかに開かれる空間を、ある言葉や文のなかに潜むさまざまな差異、そこから生み出される豊かなイメージによって埋め尽くすというものである。しかもそれらのイメージは、たとえば『アフリカの印象』に出てくる「仔牛の肺臓でできたレール」[11] のように、しばしば見たことも聞いたこともない奇想の様相を呈することになる。そこでは想像力が、現実の世界を参照するのではなく、それを凌駕し、それ自体でひとつの世界を作り上げるに至る。実際ルーセルは、ピエール・ジャネ——彼は、神経症に罹ったルーセルの診察に当たった——が証言するように、「作品は、現実的なものは何も、つまり世界や精神についてのいかなる観察も含んでいてはならず、ただ完全に想像的な組み合わせのみを含むべきである」という文学上の信念を抱いていた[12]。

2　方法と言語

2-1　希少性

フーコーは、生涯にわたってルーセルに関心を寄せ続け、また、いくつかの場面で彼について論じているが、それらのルーセル論は、ある特異性によって、一見、彼の思想の流れから切り離された印象を与える。実際、フーコーが一九六三年に発表した『レーモン・ルーセル』は、ルーセルを本格的に論じた先駆的な試みであると同時に、その後のルーセルをめぐる言説にも大きな影響を与えた記念碑的な仕事と言えるが、フーコー自身は、後年この書物を振り返って、それに対する愛着を語りつつも、結局はそれを、「個人的なもの」、「自らの仕事のなかでも例外的［à part］な一冊」[13]

(10)　*Ibid.*, p. 20〔同書、一一三頁〕.
(11)　Raymond Roussel, *Impressions d'Afrique* [1910], Paris, Jean-Jacques Pauvert, 1963, p. 11〔レーモン・ルーセル『アフリカの印象』岡谷公二訳、平凡社ライブラリー、二〇〇七年、一三頁〕.
(12)　Pierre Janet, *De l'angoisse à l'extase : études sur les croyances et les sentiments* [1926], Paris, Société Pierre Janet / Laboratoire de psychologie pathologique de la Sorbonne, 1975, p. 119〔ピエール・ジャネ「恍惚の心理的諸特徴」ミシェル・フーコー『レーモン・ルーセル』豊崎光一訳、法政大学出版局、一九七五年所収、二四九頁〕.
(13)　«Archéologie d'une passion», n° 343 (1984), p. 1426/67.

であると述べ、この著作が、彼のキャリアのなかで、あくまで逸話的な存在に留まることを強調している。

しかしながら、フーコーのいくつかのルーセル論における「方法」への注目を仔細に見てみると、それは、言葉に対する眼差しという点から、たとえば彼が『知の考古学』で展開したような言語論とも確かにつながりを持つものであるように思われる。実際ドゥルーズは、あるインタビューのなかで、フーコーのルーセル論が、『知の考古学』の言表理論の先取りとなっていることを指摘している。(14) したがって本節では、このつながりを意識しつつ、ルーセルについての議論をいま一度たどり直してみたい。

まず、『レーモン・ルーセル』のなかでフーコーは、ルーセルの言語空間について次のように述べている。

言語は事物の迷宮のなかを無限に前進していくのだが、その驚くべき本質的な貧しさが、言語に変身の力を与えることによって、言語をそれ自身へと連れ戻すのだ。(15)

ここで言われる「変身の力」(16)とは、ルーセルの方法の原理、「同じ言葉で別のことを言い、同じ言葉に別の意味を与えること」を指すが、重要なのは、フーコーが、「同じ言葉で別のことを言い、同じ言葉に別の意味を与えること」を可能にするものを、「言語の驚くべき本質的な貧しさ」と表現し、それに着目している点である。この点に関して、フーコーは次のようにも述べている。

単語の同一性――指し示される事物よりも、指し示す語のほうが少ないという、言語において根本的な、単純な事実――は〔……〕、単語のなかで、世界の諸形象のうち、もっともかけ離れたもの同士の予想外の出会いの場を明らかにするし〔……〕、また、ひとつの単純な核から出発して、自らと隔たりつつ、絶えず他の形象を生み出すような、言語の二重化を示している。(17)

これらの箇所の要点は、同一の単語でさまざまな事物を指示せざるをえないという、言語の根源的な「貧しさ」こそが、ものとものとのあいだに豊かな関係性を生み出すことになる、という逆説的な事実への注目にある。

ところで、ここでルーセルの方法の要とされている言語の「貧しさ」は、フーコーが、『知の考古学』のなかで、「言表〔énoncé〕」の三つの特徴のうちのひとつとして挙げている「希少性〔rareté〕」(18)という要素と類比的なものだろう。『知の考古学』において彼は、「言表」を「言説の最小単位〔unité élémentaire〕」(19)と規定した上で、この「言表」から発する言説分析の可能性を探っている。

(14) Gilles Deleuze, *Pourparlers* [1990], Paris, Éditions de Minuit, «Reprise», 2003, p. 145〔ジル・ドゥルーズ『記号と事件――一九七二年‐一九九〇年の対話』宮林寛訳、河出文庫、二〇〇七年、二一六頁〕.
(15) *R.R*, p. 124/130.
(16) *Ibid.*
(17) *Ibid.*, p. 22-23/19.
(18) *AS*, p. 163/224.

従来の言説分析が、ある全体性を前提とし、「唯一の意味されるもの」に対する「意味する諸要素の過剰」によって特徴づけられるのに対し、言表から発する言説分析は、「ひとつの自然言語中に言表されえたかもしれないものに比べ、また、言語学的な諸要素の無際限の組み合わせに比べれば、言表は［……］つねに数において劣っている[20]」という言表の特徴を前提とする。フーコーは、この、ありえたかもしれない可能的な言表に対する実際に現出した言表の少なさを指して、言表の「希少性」と呼ぶのである。

そして、彼によれば、この言表に立脚した言説分析は、「言説を、他のすべてを排除してそれらを生じさせる審級中で、それらを、言われていないものから分離する境界において研究する[21]」ことになる。実際に現れた、つまり「ポジティヴ」なものとなった言表の背後には、いまだ可能性に留まっている無数の言表が、いわば「可能なはずの現出［émergence possible］に至っていない他の言表[22]」が存在するのだが、ここで言説分析の目的は、この希少な「ポジティヴィティ／実定性［positivité[23]］」へと向かい、ある言表が占める場の特異性を明らかにし、いかなる作用がそうした配置を可能としたのかを問うことにあるとされる。

このポジティヴィティへと向かう言説分析は、逆説的に、それ以外の言表へも送り返すことになるだろう。いわばそれは、ポジティヴなものを通じてその裏面へと、「可能なはずの現出に至っていない他の言表」へとアプローチすることになるのだ。ここには、実際に目に見えるものとなった希少な言表と、それ以外の無数の、可能的な言表との相互作用の様態を認めることができるだろう。

2-2 累積

またフーコーは、晩年にルーセルをめぐって行われた対談のなかで、「言われたこと［chose dite］が存在していた世界にわれわれが生きているという事実」の興味深さについて語っている。彼は次のように述べる。

私たちが生きている世界とは、言説によって、つまり実際に発話された言表、言われたことどもによって織り上げられ、組み合わされている世界です。(24)

この「言われたこと」は、一度発されると、その後完全に消え去ることはなく、「言われたこととしての現実性」を持って、世界のなかに痕跡として存在し続けることになり、それ以後に言われうることの決定に関わることになるだろう。そしてフーコーは、ルーセルの作品もまた、任意の文からイメージを取り出すという方法によく現れているように、「言われたこと」から出発するもの

---

(19) *Ibid.*, p. 111/151.
(20) *Ibid.*, p. 164/225.
(21) *Ibid.*, p. 164/226.
(22) *Ibid.*, p. 165/227.
(23) *Ibid.*, p. 172/239.
(24) «Archéologie d'une passion», n° 343 (1984), p. 1421/59.

が多い点を指摘する。

ルーセルの遊戯とは、その作品のいくつかについて言えば、すでに言われたこと［déjà dit］と出会う可能性のみを自らに与え、そして、そこで出会った言語［langage trouvé］で、彼独特の規則に従いつつ数多くのものを構成すること、ただし、つねに、このすでに言われたことを参照しつつ構成することでした。[25]

ここで述べられている「言われたこと」の痕跡性は、やはり『知の考古学』のなかで語られている言表の特徴のうちのひとつ、フーコーが「累積［cumul］」という名で呼んでいるものと符合するだろう。言表の累積は、それが、さまざまな支持体のおかげで、さまざまなタイプの制度に従って、さまざまな規約的な様態とともに残存するものである、という事実に由来する。そして、この残存が構成する基礎の上で、記憶や思い出といったものの働きも展開することになる。

重要なのは、ここでフーコーが、「さまざまなことは、それが言われた後では、もはやまったく、同じ存在様態、それらを取り巻くものとの諸関係の同じシステム、同じ使用図式、同じ変換の可能性といったものを持つことはない」と述べていることである。[26] この意味においてこそ、累積する言表同士は、互いに、つねに変化の可能性へと開かれた関係を取り結ぶことになるだろう。この点についてフーコーは、次のように述べている。

あらゆる言表は、自らに先立つ諸要素の一領野を含んでおり、それらの要素との関係において自己を位置づけるのであるが、また言表は、新しい関係に従って、それらを再組織することも、再配分することもできるのである(27)。

明らかにルーセルは、この累積する言表、その痕跡性に意識的であったと言えるだろう。というのも、つねにすでに存在する言表から任意のひとつを選び取り、それを別様に捉えること、あるいは、そのなかに新たな構成を見出すことによって、そこからさまざまな形象を紡ぎ出すという彼の方法は、あらかじめ相互に関連し合った言表の布置、およびその可変性を前提とするものだからである。

2-3 外在性

最後に、フーコーは、このルーセルにおける言表の累積に関して、別の論考のなかで、「ルーセルのなかには［……］偶然に見出される、あるいは匿名的に反復されるような言説の先行性がある(28)」

(25) *Ibid.*
(26) *AS*, p. 170/236.
(27) *Ibid.*, p. 171/237.
(28) «Sept propos sur le septième ange», n° 73 (1970), p. 888/319.

と語っているのだが、ここで言及されている言説の匿名性こそ、フーコーが提示する言表の三つの特徴のうち、残りのひとつ、言表の「外在性［extériorité］」と重なるものだと考えることができる。『知の考古学』においてフーコーは、言表は、何らかの主体に回収されるものではなく、ある「匿名の領域」を前提とするものであり、その分析は、「コギトと関係することなく」行われ、「「ひとは言う［on dit］」のレベルに位置する」と述べている。(29) このように、外在的なものとして存在する言表は、特定の主体に決定的に帰属するものというよりも、帰属の場がさまざまなものによって交代に占められるような、つまり「匿名的に反復される」ようなものである。そして、その意味でルーセルの方法とは、自らもそうした匿名の主体のうちのひとつであるという意識の上に成り立つものである、と言えるだろう。(30)

言表の外在性は、言表がある主体の内面へと回収されるのを拒むことになるが、ルーセルの方法に即して見た場合、それは、作品制作における作者――その「内発性」とでもいうようなもの――への依存の縮減という形で現れているだろう。すなわちそこでは、自らある規則を定め、それに徹底して服することにより、作品の実現プロセスにおける恣意の介入をある程度まで制限し、それをある「論理」へと従わせることになるのだ。

ところでフーコーは、ルーセルの作品中に登場するさまざまな装置、たとえば『アフリカの印象』に出てくる「川の流れによって稼働する織機」や、あるいは『ロクス・ソルス』に出てくる「撞槌に似た軽飛行機」のような、規則正しく運動する機械が、「方法それ自体のイメージ(31)」であることを指摘しているが、さらに次のようにも述べている。

ルーセルは、これら反復用機械［machine à répétition］の、つねに目覚めている技師である。だが彼はまた、これらの機械そのものでもあるのだ[32]。

この点に関しては、ルーセル自身が、一七歳のときに書いた詩「わが魂」のなかで、自らの魂を「奇妙な工場[33]」と表現していることや、また、実際にその生活が、方法を体現するかのように規則正しく律されたものであったことを証言するジャネの記録などが示唆的であるだろう。すなわち彼は、作品制作の手段として方法を採用したのみならず、自らの生そのものを方法へと化したのだと考えることができるのである。

さて、これまで見てきたように、フーコーは、『知の考古学』で理論化した言表の三つの特徴、「希少性」、「累積」、「外在性」を――少なくとも、その理論化の素材となるようなものを――、ルーセルの言語表現、方法のなかに認めていた、と言うことができる。この言表理論によれば、言

（29） *AS*, p. 168/232-233.
（30） ところで、ルーセルは、ジュール・ヴェルヌを生涯にわたって崇拝し続けたが、フーコーは、ヴェルヌの作品についても、その語りの根源的な匿名性を論じている。以下を参照。«L'arrière-fable», n° 36（1966）, p. 535/318-319.
（31） *RR*, p. 75/78. 以下も参照。«Dire et voir chez Raymond Roussel», n° 10（1962）, p 238/272-273.
（32） *RR*, p. 89/92-93.
（33） Raymond Rossel, *Œuvres*, Pauvert-Fayard, 1994, t. I, p. 41.

説とは、可視的なものと不可視なものの総体からなり、また、発されることで残存する言説は、匿名的な場で相互に関係することによって、つねに別様のものになりうるとされる。

3　方法の謎

3－1　不可視なる可視性

前節では、ルーセル作品の根底に、フーコーが理論化したところの「言表」の構造が認められることを見た。それに関して、本節でまず確認しておきたいのは、この言表の諸特徴が、ルーセルにおいて、ただ作品に内在的なものとして見られるだけではない、という点である。つまりそれは、作品に組み込まれた構造としてのみならず、いわばその受容の様態としても認められるものであるのだ。どういうことか、以下で見ていこう。

ルーセルの方法は、作品を読むだけでは気づくのが困難であるのに加えて、彼はそれを、生前には決定的な形で明らかにはしなかった。この点についてフーコーは、ルーセルの『私はいかにして或る種の本を書いたか』が、彼の死後に出版されたことの意味に注目する。というのも、この本は、彼の方法を開示するものである一方で、それが、彼自身によって明らかにされるまで一般に気づかれなかったという事実によって、彼の作品群における「秘密」の存在を際立たせるものにもなっているからである。フーコーによれば、「最後の瞬間における、また、そもそものはじめから企まれていたこの種明かしは［……］、われわれに、作品を読むに当たって、ある不安な意識を植えつける」という。[34] つまり、ルーセルは読者たちに、自分たちが気づいていなかった秘密を知ることを強いるのであり、いわば、その囚われになることを強いるのである。それがより強く意識させるのは、「秘密に欺かれるというよりも、秘密があるという意識に欺かれる」という危険である。[35]

とはいえ、ルーセル自身は、決して自らの方法を秘密にしようと意図していた訳ではないという。実際、この「遺書」における、「私はつねに、自分がいかにして或る種の本を書いたかを説明することを目指してきた[36]」という冒頭のルーセルの言葉は、彼が自らの方法を――作品に現れるさまざまな装置を通じて――つねに十全な可視性において読者に提供しようとしてきた意志を証明するものとも読める。この点に注目したフーコーは、ルーセルの作品における方法の様態を、「不可視的に可視的な、知覚可能だが解読不可能なイメージ[37]」と呼び、そこに「不可視なる可視性〔invisible visibilité〕[38]」とでも言うべきものを見出すのである。フーコーは、「外の思考」のなかで、「フィクションの役割とは、不可視のものを可視的にすることではなく、可視的なものの不可視性がどれ

(34) *RR*, p. 9/3-4.
(35) *Ibid.*, p. 10/5. 以下も参照。«Dire et voir chez Raymond Roussel», n° 10 (1962), p. 234-235/266-267 ; p. 236-237/270 ; p. 238/272.
(36) Raymond Roussel, *Comment j'ai écrit certains de mes livres*, *op. cit.*, p. 11〔レーモン・ルーセル「私はいかにして或る種の本を書いたか」、前掲書、一〇八頁〕.
(37) *RR*, p. 75/78.
(38) *Ibid.*, p. 85/88.

ほどであるのかわかるようにすることにある」[39]と述べていたが、ルーセルの作品とは、まさにこうした意味での「フィクション」だと言うことができるだろう。[40]

一方で、読者がルーセルの方法を知ったとしても――「ほとんど同じ二つの文を、作品の冒頭と末尾に置く」というもの以外は――、彼の作品を読んで、どこにそれが適用されているのか指摘することは困難だろう。また彼は、この最後の本のなかで方法の適用の例を無数に挙げているが、もちろんそこに挙げられたものが適用例のすべてというわけではない（さらに、その発言からは、彼自身もすべてを記憶しているわけではないらしいことが窺われる）[41]。したがって、本書を読んでわかることは、彼の作品が方法の適用によって埋め尽くされている、という事実だけである。しかし一方で、本書の存在は、「自明なもの」として提示されていた方法が見過ごされてきたという事実とともに、「秘密を知ることを強いてくる」。その結果として読者は、それらの作品に向かい合うに際して、至るところに秘密が仕掛けられているというような「不安な意識」に取り憑かれることになるのだ。まさに、フーコーが適切に表現するように、「この可視的な偶発性［éventualité］において、秘密は頂点に達する」のである。[42]

ここで重要なのは、この「不安な意識」が、ルーセルが方法という「形態発生の鍵［clef de la genèse formelle］」を与えなかったことよりもむしろ、読まれる文のひとつひとつが、ほとんど無限の文を隠し持っていることに由来する、という点である。要するに、出発点となる言葉の数に比べて、そこから到達する言葉のほうが遥かに多いということである。

ひとはただ、最後の瞬間になされた啓示によって、それぞれの文の下に、さまざまな形態的な出来事からなる偶然の領域が広がっていることを感じることしかできない。それらの形態的な出来事は、すべて起こりえるものであるが、どれが起こるのか指定することはできない[43]。

ルーセルの謎とは、彼の言語の要素のひとつひとつが、無数の不確定な布置に捕らえられているということに、この形態論的な不確定性に由来するものである。言い換えるならば、ルーセルの言語の全体は、何も隠していないにも関わらず、「そのあらゆる可能性の、あらゆる形態の隠された総体[44]」となっているのである。

（39）«La pensée du dehors», n° 38（1966）, p. 552/343.
（40）一方で彼は、「哲学者の役割」について、それは、「隠されているものを見つけ出すことではなく、はっきり見えるものを見えるようにすることである」とも述べている（«La philosophie analytique de la politique», n° 232（1978）, p. 540/127-128）。つまりそれは、「あまりに近接していて、われわれ自身とあまりに親密な形で結びついているために、われわれが知覚していない、そのようなものを現れさせること」なのだ（*Ibid*., p. 540-541/128）。ここからは、フーコーの哲学のなかで、「フィクション」という概念に与えられた特別な意味を推察することができるだろう。彼自身、あるインタビューのなかで「私はこれまで、フィクション以外のものを書いたことはない」とまで述べている。
（41）Raymond Roussel, *Comment j'ai écrit certains de mes livres*, *op. cit.*, p. 21〔レーモン・ルーセル「私はいかにして或る種の本を書いたか」、前掲書、一二四頁〕.
（42）«Dire et voir chez Raymond Roussel», n° 10（1962）, p. 239/273.
（43）*Ibid*.

3-2 ブリッセによる「言語の起源」の探究

ところで、フーコーの文学論において、ルーセルに特権的な地位が与えられているのは疑いえないが、とはいえ、彼がこの「言表の匿名のざわめき」に基づく文学を見出すのは、一人ルーセルに限られるわけではない。たとえばフーコーは、ルーセルの先駆とでも言うべき存在を、彼と同じフランス人作家の——そしてまた、彼と同じく、同時代の人々には「狂気のひと」としてのみその名を知られた——ジャン=ピエール・ブリッセに認めている。

ブリッセは、「諸言語の起源に関する探究」として提示された著作の数々において、地口の無際限の連鎖と、そこから発生する観念連合を通じて、「言語の起源」を開示しようとする。ブリッセにとって、諸言語の起源とは、伝統的にそう考えられてきたように、「世界のあらゆる言語のなかに、さまざまな痕跡という形で留まっている、事物そのものに結びついた少数の単純な要素(45)」などではない。

ブリッセにとっては、現行の諸言語の多様な要素に対応するような「始原的な言語」や、現行の諸言語がそこから派生してきたような「言語の古代形態」などというものは存在しない。彼にとって、言語の始原性とはむしろ、「言語の流動的で、可動的で、無限に浸透可能な状態であり、言語のなかをあらゆる方向に循環できる可能性であり、あらゆる変形、反転、切り取りの余地を残した領域」である(46)。こうして、起源においてブリッセが発見するのは、今日話されている通りのフランス語、ただし、一連の地口と観念連合によって「乳液化」したフランス語である。

始原的な言語が、伝統的にひとつの貧しいコードと考えられてきたのと対照的に、ブリッセにとってのそれは、際限のない言説として想定される。彼の「分析」は、語を無際限の要素的な組み合わせへと分解するものであり、彼はそれらの組み合わせのひとつひとつを、語の「古代的状態」と考える。そこで問題となるのは、「現存のある単位について、そこへと結晶化するに至った先行する諸状態が増殖するのを見ること」である。[47] ブリッセによれば、言語の起源の探究とは、言語を圧縮することではなく、それをそれ自体によって分解し、多数化することに他ならない。さらに、ブリッセにおいて、言語の始原的状態は、語という形ではなく、つねに言表――つまり、ひとつの文あるいは文の連なり――という形で見出される。ブリッセにとって、言語の起源に見出されるのは、さまざまな言表からなる「無際限の塊」であり、さまざまな「語られたこと」からなる「流れ」である。[48] したがって、彼にとって、言語の起源の探究とは畢竟、この「言表の際限のない多数性」の、「「語られたこと」の外在性」の探究に他ならない、ということになる。

以上、ルーセルを中心とした「狂気」の言語について、『知の考古学』の言表理論を導きとして見てきた。もちろん、『知の考古学』そのものは、ひとつの言説論として構想されたものであるが、そこで示された言表という概念やその特徴には、前章からたどってきたフーコーによる芸術論、い

(44) *Ibid.*, p. 242/278-279.
(45) «Sept propos sur le septième ange», n° 73 (1970), p. 882/309-310.
(46) *Ibid.*, p. 882/310.
(47) *Ibid.*, p. 884/312.
(48) *Ibid.*, p. 885/314.

わば「外の芸術論」の本質的な部分を見て取ることができるように思われる。というのも、そこでフーコーが重視していたのは、表象というポジティヴなものを通じて表象の外部へと呼びかけることであり、また、ひとつの匿名的なアーカイブから出発することだったからである。

このように考えるならば、フーコーが六〇年代に著した数々の芸術論は、同時代の彼の思考から切り離されたたんなる「批評」ではなく、それと密接に結びついたものに他ならないことがわかるだろう。さらに、それに留まらず、この時代のフーコーは、これらの芸術のなかにひとつの変革の力を認めてもいた。つまり、それは、社会の外からわれわれの真理を照らし出すことで、あるいは社会に対する「侵犯」を行うことで、そこに何らかの変化をもたらすものとして捉えられていたのである。ところが、七〇年代に入ると、こうしたフーコーの芸術観に微妙な変化が訪れることになる。それはどのようなものであったのか。

4　言語から実践へ

4-1　狂気の言語

フーコーは、一六世紀および一七世紀初頭の演劇において、狂人が、「真理を語る」という役割を担わされることがしばしばあったことに言及している。そこで狂人は、「真理の保持者」として現れるのだが、ユダヤ・キリスト教の伝統における預言者が、自らが真理を語っていることを知った上で真理を語る者であるのと反対に、狂人のほうは、それと知らずに真理を語っている素朴な預言者として表象される。

真理は狂人を通して現れるのですが、狂人のほうでは真理を所有しているわけではありません。真理の言葉は狂人のなかで展開するのですが、狂人はその言葉の責任を負うわけではないのです。(49)

自らが真理を語っていることを知らずに真理を語る狂人の言葉は、真理への意志を持たず、自らのなかに真理を所有しないところの真理の言説である。フーコーによれば、この真理と狂気の相互帰属性、一七世紀初頭までは認められた狂気と真理の親近性は、その後一世紀半から二世紀にわたって否定され、隠蔽されてきたという。そして、この結びつきが再び問題とされるようになるのが、一九世紀である。この時代、一方で文学によって、他方では精神分析によって、狂気において問われているのは、一種の真理であるということ、狂人の身ぶりや行動を通じて現れてくるのは、真理に他ならない何ものかであるということが明らかになってきたのである。(50)すなわち、フロイトが患者に求めたのは、患者を通じて真理——患者が自ら支配していない真理——を現れさせることに他ならなかったし、マラルメ以降の文学もまた、「二重の言語」によって狂気の真理をあらわに

(49)　«Folie, littérature, société», n° 82 (1970), p. 979/444.

(50)　*Ibid*., p. 980/446.

するものであった、というわけである。

一九世紀以降のエクリチュールは、それまでのように、ある社会内部での流通を目的とするものではなく、それ自身のために存在するものとなり、一切の消費や有用性から独立した形で存在するようになる。フーコーは、この、「エクリチュールの、垂直的で、ほとんど伝達不可能な活動」と狂気との相同性を指摘する。というのも、狂気というのもまた、結局のところ「垂直状態の言語、伝達可能な言葉ではもはやない言語、通貨としての価値を失った言語」であるからだ[51]。

この非流通的なエクリチュール、垂直に屹立したエクリチュールを、狂気の等価物とするフーコーは、「作家が書く瞬間に、彼の語るもの、彼が書くという行為そのものによって生み出すのは、狂気以外のものではない」と述べる[52]。フーコーによれば、この、「書く主体が狂気によって奪われる危険」こそは、エクリチュールという行為に特徴的なものであり、また、ここにおいてこそわれわれは、「エクリチュールによる体制転倒」というテーマに出会うことになるという。

ただし一方でフーコーは、精神分析が扱うような「現実の狂気」と文学を区別する必要性も説いている。現実の狂気とは、社会の外部への排除によって定義づけられるものである。狂人とは、「存在そのものによって、恒常的に侵犯的なもの」であり、「つねに「外に」位置づけられるもの」なのだ[53]。それに対してフーコーは、文学の地位については微妙な立場をとる。彼によれば、文学とは、つねに「外に」あるものではなく、場合によっては社会システムの内部にあることも可能なものであるという。たとえばそれは、一七世紀には、規範的なものとして社会的機能に属していたが、一九世紀以降、その外部へと移行するようになった。この「外」へと移行した文学こそ、六〇年代のフーコーが大いに注目し、その侵犯力を倦むことなく語ってきたところの「垂直的で非流通的なエクリチュール」である。

4-2 監獄をめぐる実践へ

ところがフーコーは、一九七〇年に行われたある対談のなかで、この「文学の侵犯力」の衰えとでも言うべき事態に言及している。彼は、「今日の文学は、一種の堕落によって、あるいはブルジョワジーの持つ強力な同化力によって、規範的な社会機能を取り戻しているように思われます」と述べる[54]。書くという行為、この、流通や価値形成といった社会経済システムの外に置かれた行為は、これまで、その存在自体によって、社会に対する異議申し立ての力として機能してきた。それに対して、フーコーはここで、「エクリチュールの体制転倒的な機能は、まだ存続しているのだろうか」と問うている[55]。

この問いは、明らかに六〇年代後半の世界的な政治状況、つまり、フランスの五月革命に象徴されるような、いわゆる「政治の季節」を背景としている。というのも、この時代、政治活動は、こ

(51) *Ibid*., p. 982/448.
(52) *Ibid*.
(53) *Ibid*., p. 987/454.
(54) *Ibid*.
(55) *Ibid*., p. 983/449.

れまでよりもいっそう具体的な「運動」あるいは「行動」として展開されるようになったからである。こうした時代状況を受け、フーコーはここで、彼自身もまた、「書くという行為だけで、社会に対する異議申し立てにとって十分であった時代はもはや過ぎ、いまや真に「革命的」な行動に移るべきときが来たのではないか」という問いに悩まされるようになったことを告白している。いまやブルジョワジーが、資本主義社会が、書くという行為がかつて持っていた革命的な力を完全に奪い去ってしまい、それはもはや、ブルジョワジーの抑圧的なシステムを強化することにしか役に立っていないのではないか、したがって、もはや書くことをやめるべきではないか、というわけである。

この対談を行った七〇年以降、六〇年代には継続的に発表していた文学論を、フーコーがほとんど著さなくなったのは、おそらく、ここに示されている苦悩に原因を求めることができるだろう。実際、すでに六六年から六八年にかけて、派遣先のチュニジアで学生運動の高まりを目の当たりにし、彼らに「具体的な援助」も与えていたフーコーであったが、七一年に監獄の状況の調査を目的として「監獄情報グループ［Group d'information sur les prisons］」を結成して以後は、監獄をめぐる運動を中心として、さまざまな政治活動にいっそう積極的に参加していくようになる。[56] また、同時期に行われた監獄に関する一連の研究は、七五年の『監獄の誕生』へと結実することになるだろう（本書の第一稿は、七三年にすでに完成している）。フーコーは、監獄というテーマについて、七一年に次のような象徴的な言葉を残している。

この新たな関心事は、私にとって、文学的な事柄を前にして感じていた倦怠感に対する真の出口として現れたのだ。[57]

5 「身体」という賭け金

それでは、フーコーが、「監獄」という「新たな関心事」を通じて見出すことになったテーマとは、どのようなものであるのか。ポイントとなるのは、フーコーのなかで新たに生まれつつあった権力概念と、それが働きかける対象からなるカップルである。

よく知られている通り、フーコーは、『監獄の誕生』において、身体に直接作用するミクロな権力として、「規律［discipline］」という概念を提示することになる。フーコーによれば、古典主義時代を通じて、身体は権力の対象ならびに標的として発見されたという。[58] そこで身体は、操作や加工の可能な、ある「素材」のようなものとして見出されることになるのだ。

「規律」とは、身体に対して細部にわたって、つまり、その運動や振る舞いや態度といった力学

（56）「監獄情報グループ」結成のいきさつや目的、その効果などについては、以下を参照。«Manifeste du G. I. P.», n° 86 (1971).

（57）«Je perçois l'intolérable», n° 94（1971）, p. 1071/104.

（58）*SP*, p. 160/142.

的なレベルで働きかける権力である。いわばそれは、「活動的な身体に対する無限小の権力」なのだ。また、そこで問題となるのは、身体の記号的な要素ではなく、あくまで運動のエコノミーであり、その内的な組織である。それは、「記号よりもむしろ力を対象とする」ものなのだ。さらに「規律」は、身体の活動の結果よりも、活動のプロセスに恒常的に働きかける権力である。こうしてフーコーは、「規律」を次のように定義する。すなわちそれは、「身体操作の細々とした管理を可能にし、身体の力の恒常的な従属化を保証し、身体に従順＝有用性の関係を課すところの方法」である、と。(59)(60)(61)

一方で、この権力の大きな特徴としてフーコーが挙げるのは、それがたんなる抑圧としてのみ働くものではなく、身体の能力の拡大を――それが「有用性」の増大を可能にする限りにおいて――目指すものだ、という点である。この意味においてそれは、ある生産性を持った「従順な身体」を作り出すために、身体を検査し、分解し、再構成するところの「政治解剖学［anatomie politique］」(62)とでもいうようなものであるのだ。そしてフーコーによれば、この「規律」は、何らかの大がかりな制度というよりもむしろ、細々とした、しばしば取るに足りないような技術のあれこれとして現れるものであるという。言い換えるならば、これら具体的な個々の技術こそが、身体の細かな政治的包囲の様態を、つまり権力の「ミクロ物理学」を規定するものであるのだ。ここからフーコーは、「規律とは、細部についての政治解剖学である」と述べることになる。(63)

こうして、これ以降、「身体」や「生物としての人間」というテーマが、フーコーの思考のなかで大きな位置を占めるようになるだろう。そして、ここから振り返ってみるならば、先に触れた七〇年の対談における「文学」への距離感および具体的な「行動」への共感には、この「身体性」に対するフーコーの関心の高まりを、その端緒を見て取ることができるのではないだろうか。

　ここから、次章においては、いったんフーコーの芸術論から離れ、七〇年代の後半から展開されるその権力論をやや踏み込んで検討することにより、後期フーコーにおける「美学」概念の意味や「芸術」の位置づけを理解するための下地としたい。

（59）*Ibid.*, p. 161/142.
（60）*Ibid.*
（61）*Ibid.*, p. 161/143.
（62）*Ibid.*, p. 162/143.
（63）*Ibid.*, p. 163/145.

第二部　主体化の構造

第三章　主体と権力——「統治」というテクネー

前章の末尾では、七〇年以降のフーコーが、監獄を中心とした権力についての探究から、身体性への関心を強めていった様子が確認された。この、権力と身体（あるいは人間の生物学的側面）という論点は、後期フーコーの主要な関心事であった「生政治」にとって最重要のものと言っても過言ではないだろう。本章では、このトポスが同時期のフーコーの権力論全体のなかでどのように形成され、位置づけられてきたか、そしてそれは、晩年の彼の「自己への配慮」といったテーマとどのようにつながっていくものか、といった点について検討したい(1)。なお、「自己への配慮」、なかんずく「生存の美学」という概念については、次章以降に詳しく論じていくが、本章の議論は、そのための予備的考察という性格も持つ。

（1）　とりわけコレージュ・ド・フランス講義の詳細な検討から、後期フーコーにおける「政治」というテーマの総体を明らかにした著作として、以下を参照。Jean Terrel, *Politiques de Foucault*, Paris, PUF, «Pratiques théoriques», 2010.

フーコーは、晩年のある論文のなかで、これまでの自らの研究の目的が、権力の諸現象の分析ではなくむしろ、「われわれの文化において人間存在が主体化する際の、さまざまな様態の歴史を書くこと」にあったと振り返っている。[2] そして彼は、「私の研究の全体テーマは、権力ではなく主体である」とまで述べている。もちろん、こうした発言は、権力というテーマがフーコーのなかで重要でなくなったことを示すものではない。そうではなくそれは、権力と主体との深い結びつきに注意を促すことを目的としているのである。実際フーコーは、同時期に行われたある講演のなかで、「私の仕事は今後、［……］「個体化を行う権力」という問題との関係における、アイデンティティの問題に関わることになるでしょう」と述べている。[3] この意味で、晩年のフーコーは、主体の対象化という観点から権力にアプローチすることによって、法や制度といったモデルに基づかずに権力を考えようとした、と見ることができるだろう。

このミクロな観点から問題となるのは、制度や階級といったものよりも、権力の技術であり形態である。一方でフーコーは、現代における重要な現象のひとつとして、これまで周縁的だと考えられてきた「日常的なもの［quotidien］」が、権力にとって本質的な問題として浮上してきたということを挙げていた。[4] ここから彼は、次のように述べる。

この権力形態は、日常的な生に直接働きかけるものである。それは、諸個人をカテゴリーに分け、固有の個体性によって指し示し、アイデンティティにつなぎ止め、真理の法を課す。[5]

このような形で、何らかの権力技術によって諸個人が主体へと変形される過程を指してフーコーは、「服従化［assujettissement］」——他者への、そして自己のアイデンティティへの——と呼ぶ。

議論を先取りするならば、フーコーが晩年に取り組んだ「自己への配慮」、つまり「自己による自己への働きかけ」というテーマは、この、われわれの日常的な生、身体に中心を置いた生へと直接働きかける権力への抵抗として練り上げられるものである。本章は、この「自己による自己への働きかけ」を論じる前段階として、議論の背景となるフーコーの権力観、つまり「フーコーにとっての権力」を明確化することを目的としている。

さて、すでに要点を見たフーコーの権力観、いわば「個体の具体的なあり方を問題とする権力」という観念は、晩年になって突然現れたわけではなく、とりわけ七〇年代後半から練り上げられてきた権力論の延長線上に位置づけることができるものである。そして、この展開を理解するために重要になるのは、「司牧権力」、「統治」、「教導」といった、フーコーがこの時期から用いるようになる特有の語法《ターミノロジー》であり、また、キリスト教および近代国家における統治技法についてのフーコーの一貫した見方である。したがって次節以降では、おもに七〇年代後半の著書、論文、対談、

（2）«Le sujet et le pouvoir», n° 306 (1982), p. 1042/10.
（3）«"Omnes et singulatim» : vers une critique de la raison politique», n° 291 (1981), p. 955/331.
（4）«La philosophie analytique de la politique», n° 232 (1978), p. 543/130.
（5）«Le sujet et le pouvoir», n° 306 (1982), p. 1046/15.

講義録をもとに、これらの諸点についていささか踏み込んで見ていくことで、この時期の権力論の特徴や展開を明らかにしていきたい。

1　ユダヤ・キリスト教における司牧権力

前節で述べた目的を達成するために、本節と次節においてはまず、フーコーによる「権力の系譜学」をたどり直すところから始めたい。というのも、フーコーの他のあらゆる「歴史学」の例にもれず、この「権力の系譜学」は、それ自体が、とりもなおさず彼の権力観の表明ともなっているからである。

さて、前節で触れた、われわれの日常的な生に直接働きかけ、個体化を行う権力形態、現代においても支配的なこの権力様態の原型としてフーコーが想定するのは、「司牧権力［pouvoir pastoral］」という、意外にも思われる祖先である。というのも、羊飼いが羊の群れに及ぼす権力という、宗教的な含意の強いこの権力は、おもにユダヤ・キリスト教の歴史とともに発展してきたものだからである。それは、人間が生まれてから死ぬまで、あらゆる状況で人間を導き、しかも来世での魂の救いのために現世での行動を規制するような権力として規定される(6)。またそれは、集団全体に行使される権力でありながら、その集団の諸個人、いわば群れの一頭一頭の羊に責任を持つことによって、集団全体の救済に配慮する権力でもある(7)。

フーコーによれば、個別と全体に同時に配慮する権力という、近代的な国家理性へと引き継がれた権力のあり方は、初期キリスト教に典型を見るところの、この司牧権力に由来するという。その本質は、「救済」という明確な目標を持ち、自らの関わる諸個人に対して献身的で、彼らと生涯にわたって共存し、また彼らの真理の生産と結びつくという点にある。[8] それは、「諸個人へと向けられ、彼らを連続的で恒常的な仕方で導くことを定められた権力技術」なのだ。[9]

さて、フーコーによれば、こうした「神＝羊飼い」／「人民＝羊の群れ」というメタファーと結びついた司牧権力のテーマは、まずユダヤの古代文化において見られるが、それが大きな重要性を獲得するのは、何よりも、その後のキリスト教においてである。[10]

すなわち、キリスト教は、司牧権力にいくつかの重要な変化を加えつつ、それを引き継ぐことになったのである。[11] まずそれは、牧人が群れに対して担う責任に関わる。キリスト教において、牧人と群れの各メンバーとを結びつける精神的な紐帯はより強く、より複雑なものとなる。それは、たんに諸個人の生のみならず、彼らの日常の細々した行動にまで関わるようになるのである。

二番目の変化は、従属の問題に関わる。キリスト教は、牧人と羊との関係を、個別的かつ全面的

(6) «La philosophie analytique de la politique», n° 232 (1978), p. 548/134.
(7) *Ibid.*, p. 548-549/134-135.
(8) «Le sujet et le pouvoir», n° 306 (1982), p. 1048/17-18.
(9) «Omnes et singulatim», n° 291 (1981), p. 955/332.
(10) *Ibid.*, p. 958/336.
(11) *Ibid.*, p. 963/344 et suiv.

な依存関係と捉える。キリスト教において、従属は徳とされるが、それはすなわち、そこで従属が、ある目的へと至るための暫定的な手段というよりも、それ自体が目的となっているということである。

さらに、キリスト教における司牧権力は、良心の吟味と指導という二つの道具と結びつくだろう。ここで良心の吟味とは、指導者に魂の奥底をさらけ出すことを、また、良心の指導とは、指導者との恒常的な紐帯をそれぞれ意味する。キリスト教の司牧権力とは、この二つの実践が密接に結びついたものであった。

最後に、こうした良心の吟味や指導、従属といったキリスト教の技術は、すべてある目的のためになされるものである。それが、現世における自己の「抑制［mortification］」と呼ばれるものである。「抑制」とは、そのフランス語からも推察される通り、現世とそこに生きる自己自身に対するひとつの諦念を表す。それは、「日常における死」としての自己の放棄であり、一種の服従化である。

このように、諸個人の個別的な生に対して恒常的な仕方で働きかける司牧権力は、キリスト教において、牧人と群れのあいだの個別化された服従関係を確立し、より微視的かつ支配的な機能を強めることとなった。こうしてフーコーは、司牧権力を、生政治における権力、つまり、われわれの生に対して直接働きかけ、それを従属化しようとするミクロな権力の原型として措定することになる。

2　近代国家における権力

2-1　非宗教化した司牧権力

さて、フーコーによれば、一八世紀以降の資本主義的な工業化社会と、それに伴い、それを支えた国家という近代的な権力形態は、キリスト教的な司牧権力が用いた個体化の手続きやメカニズムを必要とするものであったという。すなわち、近代になり、宗教制度そのものの影響力は弱まった一方で、この司牧権力の技術は、国家装置という非宗教的な枠組みへと移植され、繁殖させられ、普及させられた、というのである[12]。

一般に、近代の国家や社会については、それが個人を知らないとか無視しているという指摘がなされることがある。つまりそれは、個々の人間の有り様を軽視したり、あるいは、それらを疎外することによって成り立つものである、と。それに対してフーコーは、よく観察するならば、事態は逆だとわかるだろう、と言う。すなわち、国家のさまざまな技術というものは、個人がいかにしてもその権力、監視、管理、矯正から逃れられないように配備され、発展させられてきたものであり、また、このことこそが、国家が諸個人に向けてきた大いなる注目の証左に他ならない、というわけである。

---

(12)　«La philosophie analytique de la politique», n° 232 (1978), p. 550/136.

たとえば、個人を包囲し、行動を把握し、配置を考えるために、兵舎、学校、仕事場、監獄といった機構が生まれた。また、個人を知り、分類を行うために人文諸科学が生まれた。統計の重要性は、諸個人の行動の集合を量的に測定可能にするという点にある。さらに、さまざまな社会的な援助や保険のメカニズムにもまた、この個体化の効果を認めることができるだろう。(13)

現代の社会においては、諸個人の存在や行動が、つまり一人一人の生というものが、権力行使にとって必要不可欠な要素となっている。要するに、個人というものが、権力の本質的な賭け金となったのである。フーコーは、権力というものが、国家や官僚制という形をとるようになるほど、逆説的にも、ますます個人へと向かうことになる、という事態を指摘している。(14)こうして、宗教的な形態から離れた司牧権力は、国家を新たな支持体として生き延びることになるだろう。それは、近代においては国家理性［raison d'État］に基づく「内政《ポリス》」へと、さらに、現代においては「国家＝天佑［État-providence］」、いわゆる福祉国家へと受け継がれることになるのである。(15)

「国家」という言葉によって問題を立てるときに、フーコーがまず危惧するのは、それが君主や君主権、あるいは法という言葉に引き寄せられ過ぎることである。というのも、権力の諸現象を国家装置との関連によって記述することは、しばしば、それを抑圧的な機能との関連から説明することにつながりかねないからである。それに対して彼は、権力関係の分析は、国家という枠組みを超えたところまで行かなければならない、と主張する。それには二つの理由がある。

まず国家は、確かにさまざまな装置として現れる遍在的なものであるけれども、現実の権力関係の全領域をカバーするにはほど遠い、ということがある。また国家は、それに先行して存在する

「権力諸関係」という基盤の上においてはじめて機能するものである。言い換えるならば、国家とは、「身体、性、家族、態度、知、技術」といったものを通じて伝わる一連の権力ネットワークの上部構造に過ぎないのである。(16) ここからフーコーは、国家を、制度的な側面というよりも、具体的な権力行使や、その技術という側面から捉えていこうとする。(17)

---

(13) *Ibid.*, p. 550-551/137.
(14) *Ibid.*, p. 551/137.
(15) 現代のネオリベラリズム批判の文脈から後期フーコーを読み直している社会学者のマウリツィオ・ラッツァラートは、ここに、「魂の統治」の技術から「人々の政治的統治」の技術への変形を見ている。以下を参照。Maurizio Lazzarato, *Expérimentations politiques*, Paris, Éditions Amsterdam, 2009, p. 72.
(16) «Entretien avec Michel Foucault», n° 192 (1977), p. 151/205-206.
(17) 彼は一九七九年の講義(『生政治の誕生』)のなかで、国家について次のように述べている。「国家とは、ひとつのあるいは複数の永続的な国家化 [étatisation] の、絶え間ない妥協の、効果であり、輪郭であり、可動的な切り込み以外のものではないのです [……]。国家は内臓/内奥 [entrailles] を持ちません。善悪の感情がないからというだけでなく、内部がないという意味においてもそうなのです。国家とは、多様な統治性の可動的な効果以外のものではないのです」(*NB*, p. 79/94)。ゆえにフーコーは、「問題は、国家からその秘密を引き出すことではなく、外部へと移動し、統治性の問題から出発して国家の問題に問いかけること、国家の問題の調査を行うことなのです」と述べる (*Ibid*)。

2-2 内政《ポリス》

さて、近代において司牧権力の特徴を引き継いだと見られる「国家権力」に関して、フーコーがとりわけ注目するのは、「内政《ポリス》」という概念である。というのも、「内政《ポリス》」とは、「[国家統治の原理たる]国家理性を機能させるために配置された装置(18)」であり、「テクノロジーの総体(19)」だからである。一七世紀以降、「良い国家秩序を維持しつつ、国力を増大させることのできる諸手段の総体(20)」が、「内政《ポリス》」と呼ばれるようになる。この「国家に固有の統治技術(21)」は、国家を導く行政組織として現れ、その活動は、人間の関わるあらゆる状況、人間の行うあらゆる事柄にまで及ぶことになる。また、そこで人間は、つねに相互の関係性という観点から捉えられ、その生き方へと関心が注がれることになる。

この意味において、内政《ポリス》の介入の対象は、法的人格というよりも、生物としての人間の生そのものなのである。実際フーコーは、内政《ポリス》というものが、「固有の合理性を持った諸原理の名のもとに、またそれらの原理に応じて行使され、作用するものであるが、しかしそれは、前もって与えられているところの司法規則によってかたどられたり、それに合わせることはない」という意味で、それを、「永続的なクーデタ」であると述べている(22)。内政《ポリス》とは、国家理性に基づきつつも、司法装置を経由するよりも、個々の直接的な技術として介入を行う権力なのである。

内政《ポリス》は、この介入によって、人々の生に配慮し、それを発展させる役割を果たす。このような形で、人間の生とその相互の関係性へと介入することによって内政《ポリス》が目指すのは、国家の力の増大である。そして、そのためにこそ、政治は、語の広い意味での人間同士の「コミュニケーション」を保証しなければならないのである。[23]

フーコーは、「人間に対して政治的権力を行使する合理的介入の形態」としての内政《ポリス》の役割について、次のようにまとめている。すなわちそれは、「人々の生に小さなプラスアルファを与えることであり、そうすることによって国家の力を少しばかり強くすること」である。また、このことは、「「コミュニケーション」を管理すること」によって、つまり「諸個人が共同で行う活動（仕事、生産、交換、サービス）を管理すること」によってなされる。[24] 要するに、近代的な統治技法あるいは国家的合理性の目指すべきものとは、諸個人の生を構成するさまざまな要素を発展させ、それによって国家の力を強めることにあるのだ。[25]

---

(18) *STP*, p. 284/342.
(19) *Ibid.*, p. 320/388.
(20) *Ibid.*, p. 321/389.
(21) «Omnes et singulatim», n° 291 (1981), p. 972/357.
(22) *STP*, p. 347/421-422.
(23) «Omnes et singulatim», n° 291 (1981), p. 975/360. 以下も参照。*STP*, p. 333/403 et suiv.
(24) *Ibid.*
(25) *Ibid.*, p. 978/364.

2・3　内政《ポリス》の対象としての人口

国家というものを、そこに生きる人間の生の集合として捉えるこうした発想は、一八世紀に重要性を増したある概念に対応するものである。それが「人口［population］」概念である。「人口」とは、「生きた諸個人からなるひとつのグループ」と定義される。ある「人口」の特徴は、同一の種に属し、同じ地域に暮らすあらゆる諸個人の特徴となる。一八世紀を通じて、そしてとりわけドイツでは、この「人口」——つまり、ある一定の地域に暮らす、生きた諸個人からなるグループ——こそが、内政《ポリス》の対象とみなされていた(26)。ここから、「内政《ポリス》についての学［Polizeiwissenschaft］」とは、「統治の技法」であると同時に、「ある領土に生きる人口を分析する［たとえば統計などを用いて］ための方法」でもあると考えられるようになった(27)。

内政《ポリス》の配慮の対象は、人間の生にまつわるあらゆる事柄に及ぶ。すなわち、「宗教、道徳、健康、物資の供給、道路、土木、公共建築、公安、自由学芸、商業、製造業、召使いや肉体労働者、貧民」などがそれである(28)。かつての王の権力が、軍隊、司法制度、税制に基づいて確立されていたのに対し、内政《ポリス》は、この三分野以外に政治権力が介入できる新たな領域（いずれも人間の生と密接に関連した）を示すことになるだろう(29)。

こうして、社会のあらゆる局面において、また複数の段階において（つまり、生の「保護」や生存の「維持」という段階から、生の「快適さ」や「楽しみ」といった段階まで）人々を幸福へと導くことが、要するに、人々がたんに「生き延びる」のはもちろんのこと、さらに、「よりよく生きる」のを手助けすることが内政《ポリス》の役割となったのである。そしてまた、こうした政治権力の役割は、後の福祉国家にまで受け継がれることになるだろう。ただし、留意しなければならないのは、これら諸個人の生への配慮は、最終的には、あくまで国家の力の増大を目的とするものであった、という点である。その意味において、諸個人の生への配慮は、それ自体が目的であるというよりも、この最終的な目的のための手段と考えるべきだろう。このことはまた、人々の生への手厚い配慮が、不可避的に主体の服従化へと至る所以でもある。

ところで、先に見たように、司牧権力の本質は、あるグループの諸個人の生に、生涯にわたって配慮するという点にあった。それは、諸個人へと向けられ、彼らを継続的・恒常的な仕方で救済へと導く権力技術であったのだ。ここで司牧権力と近代的な国家権力を比べてみるならば、両者における権力の形態や目的の同型性が浮かび上がってくるだろう。両者はいずれも、生物としての人間の生や活動に配慮すると同時に、その管理と最終的な服従化を企てる権力であった。ここからは、西洋における政治的合理性が、まず司牧権力という理念に、続いて国家理性という理念に根を下ろすようになった経緯が窺える。[30]

司牧権力から国家への移行のなかで起こったのは、特定の宗教的価値観と結びついてきた権力

（26）*Ibid.*, p. 978/365.
（27）*Ibid.*
（28）*Ibid.*, p. 975-976/361.
（29）*STP*, p. 328-329/397-398.
（30）«Omnes et singulatim», n° 291（1981）, p. 980/368.

が、社会全体へと広がり、さまざまな局面で人間の生に、行動に介入するようになる、という事態である。そしてそこからは、家族、医療、精神医学、教育、雇用というような形をとって、多様な権力が展開することになるだろう。[31]それらの権力は、何らかの制度としてよりも、日常的な生に直接働きかけ、個体化を行う技術（たとえば内政《ポリス》のような）として現れる。[32]そこで起こるのは、権力が諸個人の身体、身ぶり、態度、日々の行動に浸透しているという意味での、権力の「体内化［in-corporation］」[33]である。そこで権力は、主体による表象という中継を経ることなく、身体の厚みそのもののなかへと物質的に浸透することになる。意識への内面化を経ることなく身体へと浸透する権力、それを指してフーコーは、「生＝権力［bio-pouvoir］」と呼ぶのである。[34]

ここまでは、フーコーによる「権力の系譜学」をたどり直すことで、彼が西洋史における権力の展開を、あるいは権力を中心とした西洋史をどのように捉えていたかを見てきた。以下では、フーコーがこうした歴史的な理解に基づいて抽出した、権力の本質および作用に関する議論を見ていきたい。そこでは、後期フーコーが練り上げることになった一見特異な権力論が、その歴史認識からの必然的な帰結であることが明らかとなるだろう。

3　生＝権力と生＝政治

3-1　権力の新たな定義

前節の末尾で言及した「生＝権力」こそ、フーコーが七五年の『監獄の誕生』で論じた規律的権力に他ならないが、フーコーは、『監獄の誕生』の翌年に発表する『知への意志』のなかでは、この「規律」のテクノロジーとしての「解剖＝政治［anatomo-politique］」と対になるものとして、さらに、「調整」のテクノロジーとしての「生＝政治［bio-politique］」を論じることになるだろう。

フーコーは、『知への意志』のなかで、権力の新たな定義を提出している。それによれば、権力とは、従来考えられてきたように、たんなる制度でも構造でもなく、何よりもまず「力の諸関係の多様性」であるという[35]。さらにフーコーは、この力の諸関係としての権力について、さまざまな特徴を記述している。たとえばそれは、所有や分割の対象ではなく、無数の点から出発して、可動的な関係の作用のなかで「行使される」ものである[36]。それは、（経済・知・性といった）他のタイプの諸関係の外部にあるものではなく、それらと内在的な関係を持つ。それは、トップダウン式ではなくボトムアップ式に形成される。また、この権力諸関係は、「意図的」であると同時に「非主体的」

（31） «Le sujet et le pouvoir», n° 306（1982）, p. 1050/19.
（32）「したがって、ある権力の形態に抵抗したり逆らったりする人々は、暴力を告発したり、ある制度を批判するだけで満足することはできないだろう。理性一般を批判するだけでは不十分なのだ。問われなければならないのは、現に対峙しているところの合理性の形態である」（«Omnes et singulatim», n° 291（1981）, p. 980/367）。
（33） «Entretien avec Michel Foucault», n° 192（1977）, p. 153/209.
（34） «Les rapports de pouvoir passent à l'intérieur des corps», n° 197（1977）, p. 231/305.
（35） *VS*, p. 121/119.
（36） *Ibid.*, p. 123/121.

である。つまりそれは、一連のねらいと目的を持つが、これらのねらいと目的は、個々の主体の選択や決定の結果ではない。権力とは、ひとつの「主体なき戦略」とでもいうようなものに依存するのだ。それは、明晰な論理とねらいを持ちつつも、それを構想し定式化した人物がいない、そうしたタイプの戦略、いわば「匿名で、ほとんど無言の戦略」である(37)。

フーコーは、近代以降の権力諸関係の特徴として、こうした「総合的で、首尾一貫し、合理的でありつつ、しかしそれを構想したのが誰か言うことができないような戦略」を認める(38)。一方で彼は、権力があるところには、つねに抵抗があると述べる。抵抗とは、決して権力の外部にあるものではないのだ。権力諸関係は、無数の抵抗点との関係においてしか存在しえない。言い換えれば、抵抗点は、権力の網の目の至るところに存在するというわけである(39)。

こうしてフーコーは、権力の捉え方を根本的に変更することの必要性を訴える。それは、権力とは法と禁止からなるものであるという「ネガティヴ」な捉え方から、それがある種の生産性を持ったひとつのテクノロジーであるという「ポジティヴ」な捉え方への変更である(40)。こうした方法論的原理から出発してフーコーは、西洋における権力テクノロジーの系譜を描こうとする。

フーコーによれば、この観点から大きな変化が起こったのは、一七世紀から一八世紀にかけてである。それは、それ以前の君主制において機能していたものとは異なる、新たな権力メカニズムが登場してきた時期であった。それを彼は次のように表現している。すなわち、「死なせるか生きるままにしておくという古い権利に、生きさせるか死のなかへ廃棄するという権力が取って代わったのだ」(41)と。長きにわたって、君主の権力を特徴づける特権であった死に対する権利（生殺与奪権）

は、生を管理する権力へと移行し、死に対する権力は、いまやその裏面あるいは補完物としてのみ存在するようになる。また、重要なのは、ここで問題となっているのが、法的な存在としての生ではなく、あくまで生物学的な次元における生だということである。

3-2 規律と調整

フーコーは、この新たな権力テクノロジーは、二つの方向に展開したと言う。それらは対立するものではなく、むしろあるひとつの発展の二つの極とでも言うべきものである。それが、「規律」のテクノロジーとしての解剖＝政治と「調整」のテクノロジーとしての生＝政治である。[42]まず規律とは、社会集団の原子たる個人、とりわけその「機械としての身体」を管理する権力メカニズムであり、いわば権力による個体化の技術である。それは、たとえば軍隊、学校、工場などにおいて、諸個人の生産力を高めるためにその身体や行動を管理することになる。[43]フーコーは、この技術を、

(37) *Ibid.*, p. 125/123.
(38) «Le jeu de Michel Foucault», n°206 (1977), p. 306/420. フーコーは、この戦略において相互に作用し合う基本要素について、「準＝個人［sous-individus］」というような表現も用いている（*Ibid.*, p. 311/426）。
(39) *VS*, p. 125-126/123.
(40) «Les mailles du pouvoir», n°297 (1981), p. 1002/402 ; p. 1006/407 ; p. 1008/408-409.
(41) *VS*, p. 181/175.
(42) *Ibid.*, p. 183/176.「生政治」については、一九七六年三月一七日の講義も参照（*IDLS*, p. 213/239 et suiv）。

諸個人に身体とその運動のレベルで働きかけるものという意味で、「解剖＝政治」と呼ぶ。

一方で調整とは、個人ではなく、「人口」という集団を対象とするテクノロジーである。フーコーによれば、「人口」とは、たんに多数の人間からなるグループというだけではなく、「生物学的なプロセスや法則によって貫かれ、操作され、統御されている生物たち」のことを指す。[44]すなわち、人口を構成するのは、(君主［souverain］の対概念としての)「臣民［sujet］」のような抽象的な存在ではなく、一種の生物学的実体としての個人である。いわば、「生物のメカニズムに貫かれ、さまざまな生物学的プロセスの支持体の役割を果たす身体」[45]を持つ個人である。人口にとって、出生率や死亡率が、年齢曲線や年齢階層が、罹病率や健康状態が問題となるのはこのためである。人口とは、それ自体として発展したり滅亡したりする実在なのである。そしてフーコーは、「調整」の技術を、「人口」という生の調整を行うものという意味で、「生＝政治」と呼ぶ。そこで問題となるのは、住居、都市での生活条件、公衆衛生、出生率と死亡率の割合の変化といった事柄であり、また、こうした諸問題に応じた人口の調整である。一方で、この人口の調整という課題のために、統計をはじめとする一連の観察技術が生まれる。[46]

フーコーが、「生は、一八世紀以降、権力の対象となった」[47]と述べるとき、念頭に置かれているのは、以上のようなプロセスの全体である。一八世紀以降、権力の対象は、法的主体から、身体と生(人口)へと移ったのである。[48]そこで権力は、(身体や生といった)「実在の事物［chose réelle］」を個別的かつ全体的に扱うようになり、「唯物論的」になった。身体を対象とする「規律」テクノロジーと生を対象とする「調整」テクノロジーという、新たな権力の二側面は、個別的なものと全体

的なものに同時に関わるという、司牧権力以来の政治的合理性の特徴を引き継ぐものであるだろう。(49)

フーコーは、この「生物としての人間」が政治的戦略の賭け金になり始めた時期を指して、「生物学的近代性の閾」と呼ぶ。

(43) «Les mailles du pouvoir», n° 297 (1981), p. 1010/411.
(44) *Ibid.*, p. 1012/413.
(45) *VS*, p. 183/176.
(46) ところで、フーコーを引き継ぎながらアクチュアルな生政治論を展開しているアントニオ・ネグリとマイケル・ハートは、「生権力」と「生政治」について、前者を「生に対して行使される権力」、後者を「抵抗し、主体性のオルタナティヴな生産を決定する生の権力」とそれぞれ定義することから、「生政治」を「生権力」への抵抗力とする独自の用語法を提案している(アントニオ・ネグリ/マイケル・ハート『コモンウェルス――〈帝国〉を超える革命論(上)』水島一憲監訳、幾島幸子・古賀祥子訳、NHK出版、二〇一二年、一〇七頁)。しかしながら、ここまで見てきたフーコーの議論を踏まえるならば、少なくともフーコーの用いる「生=政治」の語にそうした意味を読み込むことには、いささか無理があるだろう――もちろん、ネグリとハートの用語法は、厳密には、フーコーの著作の「解釈」というよりも、それに「ヒントを得た」ものに過ぎない、と断られてはいるが。この点について、フーコーの思想に即すならば、ネグリとハートが希望を見出す「主体性のオルタナティヴな生産を決定する生の権力」は、むしろ本書の後半で論じることになる「生存の美学」概念に対応するように思われる。
(47) «Les mailles du pouvoir», n° 297 (1981), p. 1012/414.
(48) 「権力が相手にするのは、もはや、その最終的な掌握が死であるところの法的な主体ではなく、生物になり、権力によるその掌握は、生そのものの水準に位置することになる」(*VS*, p. 187-188/180)。

人間は、数千年のあいだ、アリストテレスにとってそうであったものに留まり続けた。つまり、たんに生きているのみならず、政治的な存在になりうる、そうした動物である。それに対して、近代の人間とは、その政治において、生物としての生が問題となるような、そうした動物である。(50)

こうした変化の結果として、法システムの退行と規範［norme］作用の前景化が進行することになる。すなわち、その最終的な解決が死によって担われるところの「法」の審級から、生の持続的な調整と矯正を旨とする「規範」の審級への移行である。(51) 言うなれば、「規範化社会」とは、「生に中心を置く権力テクノロジーの歴史的帰結」であるのだ。(52) それでは、これら権力に対する抵抗は、いったい何に基づくことになるのか。それは、外《ほか》でもない、権力自体が資本とするもの、つまり、生であり、生きているものとしての人間である。

政治的対象としての生は、いわば言葉通りに受け取られ、その管理を企てていたシステムに対して逆転させられたのである。そのとき、権利よりもずっと生のほうが政治闘争の賭け金になったのであり、それは、この闘争が権利の確立を通して現れるとしても変わりはない。(53)

4　行動の教導としての「統治」

フーコーは、権力の分析に際して、権力とは「何か」でも、それが「なぜ」存在するかでもなく、それが「いかに」行使されるのかという問いを重視する。それは、彼が権力の分析に関して、あるひとつの権力ではなく、「権力のさまざまな関係」から出発するからに他ならない。実際彼は、近代以降の権力が、「生まれによってそれを所有し、行使するところの、ある個人」と同一視されるものではなく、「誰もその保持者ではないところの機械仕掛け」になったことを指摘している。(54)ただし、前節でも触れたように、フーコーによれば、権力の匿名化は、その恒常的な勝利を意味す

（49）またフーコーによれば、性とは、この身体の個人的規律と人口の調整との結節点に位置づけられるものである。「性は解剖＝政治と生＝政治の蝶番の位置にあり、規律と調整の交差するところにあります。そして、この機能において性は、一九世紀の終わりに、社会をひとつの生産機械にするためのもっとも重要な政治的要素となったのです」（«Les mailles du pouvoir», n° 297（1981）, p. 1013/415）。

（50）*VS*, p. 188/181.

（51）ピエール・マシュレはこれを、「規範のネガティヴな発想からポジティヴな発想への移行」としている。以下を参照。Pierre Macherey, «Pour une histoire naturelle des normes», in *Michel Foucault philosophe*（Actes de la rencontre internationale de Paris, 9-11 janvier 1988）, Paris, Le Seuil, «Des Travaux», 1989, repris dans Pierre Macherey, *De Canguilhem à Foucault. La force des normes*, La Fabrique éditions, 2009, p. 71. フーコーにおける「規範」概念については、とりわけ以下の包括的な研究を参照。Stéphane Legrand, *Les normes chez Foucault*, Paris, PUF, «Pratiques théoriques», 2007.

（52）*VS*, p. 190/182.

（53）*Ibid.*, p. 191/183.

（54）«L'oeil du pouvoir», n° 195（1977）, p. 199/267.

るわけではない。反対にそれは、権力に対する抵抗点の遍在化をこそ意味するのである。(55)

一方でフーコーは、ジャック・ランシエールとの対談のなかで、権力装置の標的としての「平民[plèbe]」という概念に言及している。フーコーによれば、平民とは、何らかの社会学的な実在のようなものではなく、さまざまな社会体・階級・集団・諸個人のなかにあって、「ある仕方で権力諸関係を逃れる何ものか」である。すなわちそれは、何らかの「素材[matière première]」ではなく、「遠心運動」であり、「逆向きのエネルギー」であり、「隙間をすり抜けていくもの」なのだ。(56) こうした不定形の運動を、権力諸関係の外部ではなく、あくまでその限界や裏面として措定することにより、権力を静的《スタティック》なものではなく、ある動的《ダイナミック》なものとして捉えることが可能となるだろう。

フーコーによれば、権力の行使とは、たんなる諸個人のあいだの「関係」ではなく、ある者から別のある者に対する「行為の様態」であるという。この意味において権力とは、「行為のなかにのみ存在するもの」(57)である。ここでフーコーは、権力諸関係の特性を把握する最良の手段として、「行動/教導[conduite]」という語を挙げ、この言葉の持つ両義的な意味に注意を促す。すなわちそれは、自らの行動を意味すると同時に、他者を導くという行為をも意味する言葉である。そして、権力の行使とは、「「行動を導き[conduire des conduites]」、その蓋然性を調整すること」(58)に他ならない。ここからフーコーは、権力関係において問題となるのは、敵対者同士の対立というようなものではなく、「統治[gouvernement]」という主題であると述べる。ここで統治という語は、政治構造や国家管理に関わるものというだけでなく、「個人や集団の行動を導く方法」というような意味で用いられている。(59) この意味において、統治するとは、「他者の行動の可能的な領域を構造化すること」である。

したがって、権力に固有の関係の様態は、暴力や闘争の側でも、［……］契約や自発的な紐帯の側でもなく、統治という特異な行動様態の側に求められるべきだろう。(60)

さて、統治一般について全体的な問題化がなされたのは一六世紀である。(61)それは第一に、マキアヴェッリ的な君主に対置されるものとして現れる。まず、君主というものが、定義上、領国内で唯一の存在であるのに対し、統治は、君主に限らず多数の人（一家の父、修道院長、教育者、師など）によって担われるものであり、その実践も多様な形をとる。また、君主が領国に対して外在的・超越

(55) *Ibid.*, p. 206/275.
(56) «Pouvoir et stratégies», n° 218 (1977), p. 421/588.
(57) «Le sujet et le pouvoir», n° 306 (1982), p. 1055/24.
(58) *Ibid.*, p. 1056/25.
(59) 「統治という言葉で私は、行政から教育に至るまで、人々を導く制度と実践の総体を意味しています。人々が相互に導き合うことを保証する手続き、技術、方法の総体［……］」（«Entretien avec Michel Foucault», n° 281 (1980), p. 912/263-264）。
(60) «Le sujet et le pouvoir», n° 306 (1982), p. 1056/26.
(61) *STP*, p. 92/110.

的な位置にあるのに対して、あらゆる統治は、それが行われる社会や国家の内部にある。要するに、統治とは、形式の多様性と実践の内在性という点において、マキアヴェッリ的な君主の超越的単数性と根本的に対立するものなのだ(62)。

また、統治の目的は、君主政が掲げる「共通善」というような一義的なものではなく、統治の対象たる諸事物のそれぞれにとって「ふさわしい目的」となる。すなわち、統治においては、それぞれに特有の目的が複数あり、このさまざまな目的に達するために、事物の配置〔disposition〕が行われる、というわけである。統治において目的への到達を可能にするのは、「事物の配置」という一種のエコノミーである(63)。この「配置」についての知、エコノミー的な知はまた、国力の分析・認識のための学（「統計学」のような）という形で、統治にとって不可欠なものとなっていくだろう。

統治という主題は、一八世紀に統治の対象として人口〔population〕という概念が現れると、いよいよ明確なものとなってくる。固有の規則性を持った人口という集団が、介入の領域として、統治技術の目標として現れるのである。一方で、それと平行して、エコノミー的合理性が人口に固有な現実とみなされるようになっていく(64)。

こうしてフーコーは、この統治を中心とした諸現象の全体を指して「統治性〔gouvernementalité〕(65)」と呼び、それを、司牧権力から国家理性（内政《ポリス》）までを貫く政治的合理性の中心として捉えるようになるのである。

5　「権力の存在条件としての自由」と「反＝教導」

権力の行使を、他者の行動に対する行動の様態として、つまり、ある者から他のある者に対する「統治」として定義するとき、ある重要な要素が問題となってくる。それが「自由」である。というのも、あらゆる行動がすでに決定されており、その他の行動や反応の可能性がないところには、統治は存在しえず、したがって権力関係も存在しえないからである。ここから、「自由は権力の存在条件として現れる」ことになる(66)。

（62）*Ibid.*, p. 96/115-116.

（63）*Ibid.*, p. 102-103/122-123.

（64）*Ibid.*, p. 111/132. フーコーは、一八世紀末に現れることになる統治の対象として、「社会［société］」の概念を挙げている。彼によれば、統治とは、領土やそこに住む臣民を相手にするのみならず、「固有の反応法則や反応メカニズム、さまざまな規則、混乱の可能性を有した、複雑で独立した実在」を相手にしなければならないが、彼の言う「社会」とは、この「複雑で独立した実在」のことを指し、それはもはや、内政《ポリス》によって完全に理解可能なものではないとされる（«Espace, savoir et pouvoir», n° 310（1982）, p. 1092/71）。

（65）*STP*, p. 111/132. より詳しく言えば、フーコーが「統治性」という言葉で指すのは、以下の三つの事柄である。まずそれは、統治にまつわる諸制度、手続き、分析、考察、計算、戦術の全体である。またそれは、統治という権力形態が優勢となってきた歴史的な傾向である。最後にそれは、中世における司法国家が徐々に「統治性化」されたプロセスである（*Ibid.*, p. 111-112/132-133）。

フーコーが強調するように、権力関係とは社会的な集合体に深く根を張るものであり、決してその補足的な上部構造ではない。社会のなかで生きるということは、何らかの仕方で他者の行動に作用するということである。これを言い換えるならば、権力関係なき社会はありえない、ということになるだろう。ただし、これまでも繰り返してきた通り、このことは、現行の権力関係が必然的なものであるとか、不可避の宿命であるということを意味するわけではない。というのも、自由が権力の「存在条件」であるならば、そこにはつねに、現行の権力関係を変容する可能性が、その配置を「他なるもの」へと組み換える可能性が残されているからである[67]。そして、フーコーの理論において、この可能性を左右する鍵となるのが、「統治」という技術（テクネー）に他ならない、と言うことができるだろう[68]。

フーコーは、こうした事態を、権力諸関係と、それに対立する「戦略」との関係から説明している。すなわち、権力諸関係の中心に自由という名の不服従が存在するということは、権力諸関係とは、つねに何らかの抵抗を内包するものであり、つねに関係性の逆転の可能性を秘めたものだ、ということである。また、その際に押さえておくべきなのは、権力と抵抗とは、どちらかが先行して存在するものではなく、完全に同時存在的なものだという点である[69]。

あらゆる権力関係には、少なくとも潜在的に闘争の戦略が含まれている[70]［……］。両者は互いにとって、一種の永続的な限界と、逆転の可能性を孕んだ基点となっている。

実際、権力関係と闘争の戦略とのあいだには、「相互の呼応関係、終わりのない連鎖、永続的な逆転」といったものが存在する。そして、こうした不安定性、逆転の可能性が完全にありえなくなった段階で、権力関係は、「支配」という形での固定化へと至る、というのがフーコーの見立てである。(71)

同じことは、「行動／教導〔conduite〕」という言葉からも説明できるだろう。この言葉は、一方で導くという行為を、他方で導かれる仕方や導かれた結果の行動の仕方を意味する。(72) この両義的な

(66) «Le sujet et le pouvoir», n° 306 (1982), p. 1057/26.

(67) 「私が権力の実際の行使メカニズムを把握しようとするのは、これらの権力諸関係に組み込まれている人々、そこに巻き込まれている人々が、彼らの行動によって、抵抗や反抗によって、そこから逃れ、それを変化させ、要するにもはや服従しなくなることができるからです」(«Entretien avec Michel Foucault», n° 281 (1980), p. 912/262)。

(68) フーコーによれば、テクネーとは、「意識的な目的によって統治された実践的な合理性」である(«Espace, savoir et pouvoir», n° 310 (1982), p. 1104/86)。周知の通り、このテクネーという言葉は、より限定された意味を持つ現代語である「テクノロジー」の語源でもある。ここからフーコーは、統治とは、さまざまなテクノロジーの機能でもある、と述べる。

(69) «Non au sexe roi», n° 200 (1977), p. 267/360-361.

(70) «Le sujet et le pouvoir», n° 306 (1982), p. 1061/30.

(71) 権力、抵抗、支配のあいだの複合的な関係については、以下も参照。«Pouvoir et stratégies», n° 218 (1977), p. 424-425/592-593.

(72) *STP*, p. 196-197/239.

含意を参照することによってフーコーは、「行動の導き」が、つねに能動・受動の両側面を孕んだものであるということに注意を促そうとする。「行動／教導」とは、つねにそれに対立する「行動／教導」と対になったものなのだ。したがって、もし統治が、「他者の行動の可能的な領域の構造化」を意味するとすれば、そこにはつねに、それと相関する抵抗や不服従の運動が存在することになる。

それは、別の行動／教導を目指すさまざまな運動です。すなわち、別の仕方で、別の導き手によって、別の牧者によって、別の目的へと、別の救済の形へと、別の手続きや方法を通じて導かれるのを望むことです。それはまた、ともかく場合によっては、他者の教導から逃れようとする運動、自分の行動／教導の仕方は自分で決めようとする運動でもあります(73)。

このように、ある「教導」に対して「もうひとつの行動／教導」を求める運動をフーコーは、「反＝教導［contre-conduite］」と呼ぶ。「反＝教導」という言葉によって彼が強調しようとするのは、ある教導と別の教導との「直接的で創設的な相関関係(74)」であり、両者が同時に生起する運動の二つの側面に他ならない、という点である。そして、フーコーによれば、非行者、狂人、病人に見出すことができるのは、まさにこの「反＝教導」の次元だという。

さて、ここまで検討してきたフーコーの権力観からは、彼が晩年になって、国家の「制度」ではなく「個体化」からの解放を、つまり、国家がわれわれに課してくる個体性を拒否して新たな主体性の形式を自ら作り上げることを——いわば、服従化［assujetissement］ではなく主体化［subjectivation］を——従順するようになる理由が見えてくるだろう。(75) すなわちそれは、制度というよりも、個別の技術としてわれわれの身体に働きかけてくる「生＝権力」、この司牧権力に由来する権力形態に対する抵抗の試みであり、いわば「反＝教導」であるのだ。

フーコーによれば、「政治」とは、ある社会における力の諸関係の総体によって構成されるものであると同時に、この力の諸関係を調整し、方向づけようとする包括的な「戦略」でもある。(76) またフーコーは、これらの力の諸関係を変容させるような戦略の創出を「政治化［politisation］」と呼ぶ。(77) この意味において、既存の権力メカニズムや権力技術に対抗して、新たな主体の形態を創出することとは、それ自体、ひとつの生の「政治化」の試みと見ることができるだろう。(78)

（73） *Ibid.*, p. 198/240.

（74） *Ibid.*, p. 199/242.

（75） «Le sujet et le pouvoir», n° 306（1982）, p. 1051/20. ただしフーコーは、権力の制度的側面を軽視しているわけではもちろんない（*Ibid.*, p. 1058/27）。

（76） «Les rapports de pouvoir passent à l'intérieur des corps», n° 197（1977）, p. 233/308.

（77） *Ibid.*, p. 234/309.

（78） フーコーは、晩年のインタビューのなかで、「倫理的であると同時に政治的でもあるひとつの態度」について語っているが、そこで問われるのは、倫理的態度を「可能な限り一貫性を持ったひとつの政治的な事実」にすることであるという（«Politique et éthique : une interview», n° 341（1984）, p. 1407/39）。

フーコーが述べるように、現代における司牧権力が、社会に網の目のように張りめぐらされ、個人をその誕生から死に至るまで、日常生活の細部にわたって監視・管理するものであるならば、個人が「主体性」という形で自己と保つ関係もまた、権力の関係ということになるだろう。すなわち、一見日常的な、取るに足らないやり取りのなかで問われているのは、生を政治的に変えることに他ならないのである。(79)

6　主体化と新たな関係性の創出

最後に、本章で中心的に見てきた七〇年代のフーコーの権力論について、次章へとつながる要点を、あらためて確認しておこう。

キリスト教的な個体化の技術から出発して、一六・一七世紀の国家理性〔raison d'État〕の「内政《ポリス》」へと、さらには一九世紀末以降の福祉国家〔État-providence〕にまで受け継がれることになる司牧権力は、法のようなマクロな審級ではなく、よりミクロで物理的な力に訴えるものである。すなわち、その対象は、法的な主体ではなく、生物としての主体であり、その行為の水準である。それは、こうした生物としての主体に、ミクロな水準で、また恒常的な仕方で働きかける権力なのだ。さらに、俯瞰的な視点から見るならば、司牧権力が働きかけるのは、さまざまな魂のあいだに介在するエコノミーである。このエコノミーは、合理的で不動の原理ではなく、他の個体の意志のような流動的なものに全面的に依拠する。

一方で、西洋の歴史における司牧権力の系譜をたどるなかでフーコーが強調するのは、司牧権力による統治にはつねに、それに対する抵抗が伴ってきたという事実である。この点を明示するためにフーコーが導入するのが、「教導」と「反＝教導」という用語である。フーコーによれば、教導と反＝教導は、時系列的な前後関係にあるわけではなく、つねに同時的に生起するものである。(80)司牧権力への抵抗、反＝教導は、「自己の他者による統治」に、「自己の自己による統治」を対置するような運動として現れるだろう。ここから、フーコーが「反＝教導」と呼ぶものには、抵抗というネガティヴな運動のみならず、自己の形成としての主体化といった、ある種のポジティヴな運動ま

(79) ミシェル・フーコー「政治の分析哲学」渡辺守章訳『ミシェル・フーコー思考集成Ⅶ』、筑摩書房、二〇〇〇年所収、一三九頁。当該の叙述は邦訳のみに記載（原文では省略）。

(80) 「教導」と「反＝教導」とのカップリングは、その起源を古代ギリシアに求めることができるものであり、それはたとえば、一九八三年の講義（『自己と他者の統治』）のなかでは、エウリピデスの悲劇『イオン』の分析を通じて示されている。イオンが自らの言説によって合理的に都市を導く権利を得るためには、「アレチュルジー［alethurgie］」が、つまり真理を明らかにする一連の手続き、方法が必要であるが、ここでは、不正に苦しむ非力な犠牲者の言説が、こうしたアレチュルジーとして機能することになる。彼は権力者に立ち向かい、真理の言説で語る。そして、イオンが都市を導くためにもっとも必要な力は、この真理の言説である。要するに、もっとも強い者が合理的な統治を行うには、もっとも弱い者が真理の言説でもって彼に語り、挑むことが必要だというわけである（*GSA*, p. 126/170–171）。このような、人間の統治を可能にする合理的な言説と、強者の不正を非難する弱者の言説とのカップリングは、これ以降のあらゆる政治的言説の母型となるだろう。実際、その後帝政期になるとますます、強者の不正について語る弱者の言説が、強者が人間理性の言説に従って人々を統治するために不可欠な条件となってくる（*Ibid.*, p. 126–127/171–172）。

でが含まれることがわかる[81]。

さて、こうした教導と反＝教導の並立や両者の可逆性は、フーコーの理解するところの権力の様態に由来する。というのも、フーコーはそれを、不安定で、可逆的で、可動的な関係と特徴づけていたからである。それらは、どこまで行っても完全に固定化されることはなく、絶えず新たな関係性を内包することになる。この新たな関係性は、つねに形成の途上にあり、決して固着化することはないのだ。権力のこうした不安定で可逆的な関係性を基盤として、「反＝教導」は、新たな主体の創出として、新たな自己の形成として現れる。それは、アイデンティティの固着化に、この服従化の形態に抵抗するものである。フーコーは、「われわれが、われわれ自身と持つべき関係は、アイデンティティの関係ではなく、むしろ、差異化、創造、革新の関係であるのです」と述べる[82]。

こうした、不安定な関係性としての権力――フーコーはそれを「戦略的諸関係」と呼ぶ――と主体との結びつきは、フーコーにおける「真理」という概念の意味を変化させることにもなるだろう。すなわち、次章以降で詳しく見ていくように、「真理」はもはや――フーコーのなかで、これまでそのように位置づけられていたような――、主体に強制されるネガティヴな力ではなく、逆に、主体の形成に関わるポジティヴな力として捉えられるようになるのである。

さらに、この主体と権力関係の結びつきを前提とした場合、新たな主体を形成することは、新たな関係性を創出することに等しい、と考えることができるだろう。すなわち、さまざまな多様性からなる権力関係にあって、自己の実践によって主体を形成する行為は、この関係の多様性の新たな様態を開示する実践ともなる、ということである。また、これを逆に言うならば、主体化にまつわるさまざまな実践とは、権力関係の布置を（再）規定する行為と捉えることもできるだろう。権力関係とは、他から一面的に与えられるものではなく、自らの実践によって変化させ、構成していくものでもあるのだ。ただし、注意すべきなのは、そこで規定される権力関係は、つねに部分的なものに留まる、ということである。そこで行われる実践は、権力関係の全体を規定するものではなく、したがって、そこにはつねに、新たな関係性を創出する余地が残されている。これこそ、フーコーが、「自由は権力の存在条件として現れる[83]」と述べることの意味である。すなわち、権力が行使されるのは、「自由な主体」に対してのみであり、主体が自由である限りにおいてなのだ。ここで自由と言うのは、別の行動や反応の余地がある状態を指している。その意味において、「決定が飽和状態になっているところには、権力関係はない[84]」のである。一方で、フーコーによれば、いかなる抵抗の可能性も排除するような、絶対的な「抑圧」が存在しないのと同様に、それ自体として

(81) フーコーは、あるインタビューのなかで、自身の「抵抗」概念の理解について、たんなる否定として捉えられていたそれまでの「抵抗」理解に対し、自分が異なるのは、それを、むしろ否定とは逆の運動として、つまりひとつの「創造のプロセス」として捉えた点である、と述べている（«Michel Foucault, une interview : sexe, pouvoir et la politique de l'identité», n° 358（1984）, p. 1560/262）。この点については、以下も参照。Maurizio Lazzarato, *Expérimentations politiques, op. cit.*, p. 83.

(82) «Michel Foucault, une interview : sexe, pouvoir et la politique de l'identité», n° 358（1984）, p. 1558/260.

(83) «Le sujet et le pouvoir», n° 306（1982）, p. 1057/26.

(84) *Ibid.*, p. 1056/26.

つねに不変であるような、絶対的な「解放」も存在しない。「自由」とは、本性として実現されるものではなく、つねに「実行」されるべきものであるのだ[85]。

(85) «Espace, savoir et pouvoir», n° 310 (1982), p. 1094-95/74.

第四章　主体と真理――「生存の技法」による関係性の再配置

前章の検討からは、後期フーコーの権力論において問題となってきたものが、第一に、個々の生物としての主体に、行為の水準で働きかけてくる権力だということが明らかとなった。フーコーはそれを、ユダヤ・キリスト教から近代的な国家にまで至る権力の特徴と考えていたのである。

一方で、後期の主体論においてフーコーは、ひとつの「素材としての自己」をもとにした主体形成に、つまり一種の「自己のポイエーシス」とでも言うべきものに言及している。[1] それによると、この「素材としての自己」は、それ自体諸力の錯綜体としてあり、それは、いわゆる固定的な権力関係へも、また逆に、対抗的な力へも変転しうる可能性を秘めたものとして構想されている。こう

（1）　彼はそれを、「自分自身の部分を領域画定すること」（*UP*, p. 40/38）という言葉で表している。フーコーにおける「素材としての自己」や「自己のポイエーシス」の理解については、以下も参照。ジュディス・バトラー『自分自身を説明すること――倫理的暴力の批判』佐藤嘉幸・清水知子訳、月曜社、二〇〇八年、三二一―三二三頁および二三六―二三七頁。

した主体像は、明らかに、前章で見た彼独自の権力理解から導き出されたものだろう。というのも、そこでは、主体と権力の不可分性が前提とされ、主体化は、新たな権力関係の創出として捉えられていたからである。ここから、主体化の素材とは、ある意味で権力そのものであると言っても過言ではないだろう。フーコーは、権力というものが、「それ自体としては、良いものでも悪いものでもない」ことを明言している(2)。ただしそれは、一方で、使い方次第で重大な否定的帰結をもたらしうる「危険な物質」でもあるのだ。権力について彼は、晩年のあるインタビューで次のように述べている。

次の二つを区別しなければならないと思います。すなわちまず、自由な諸個人間の戦略的な駆け引きとしての権力諸関係があります。戦略的な駆け引きというのは、一方が他方の行動［conduite］を規定しようとし、それに対して他方は自らの行動を規定されないように、あるいは反対に相手の行動を規定しようとすることで応じるような、そうしたものです。そして、それとは別に、さまざまな支配状態があります。通常、権力と呼ばれるのは、この支配状態のことです。そして、両者のあいだには、つまり権力の駆け引きと支配状態のあいだには、たいへん広い意味での統治のテクノロジーがあります。［……］これらの技術の分析が必要なのは、支配状態が確立され維持されるのは、この種の技術を通じてであることが、たいへんしばしばだからなのです。私の権力分析には、この三つの水準があります。つまり、戦略的諸関係、統治の技術、そして支配状態です(3)。

見たように、フーコーは、「権力諸関係」という言葉によって、たんなる支配状態とは異なったものを想定している。彼はまず、それらの基底に、「戦略的諸関係」という流動的な場を想定しており、ある個人なり社会集団なりが、そうした権力の諸関係の場をせき止め、動けないように固定し、運動の可逆性をすべて停止させるのに成功すると、いわゆる支配状態が展開することになるという。そのような状態においては、自由の実践は存在しなかったり、一方的にしか存在しなかったり、ごくごく限られたものとなってしまう。そして、以上のすべてを左右する鍵が「統治」であり、その諸技術である。(4)

フーコーがここで、とりわけ強調するのが、権力の諸関係の可動性、可逆性、そして不安定性といったものである。それは、つねに変化しうるものであり、一度に決定的に与えられてしまうようなものではない。というのも、権力の諸関係が存在するのは、あくまで主体が自由である限りにおいてなのだから。彼が、「社会的な領野全体を貫いて権力の諸関係があるのは、至るところに自由があるからである(5)」と述べるのは、この意味においてである。

その上でフーコーは、「統治性は自己の自己への関係を含意する」と言う(6)。すなわち、統治性と

(2) «Interview de Michel Foucault», n° 353 (1984), p. 1513/194.
(3) «L'éthique du souci de soi comme pratique de la liberté», n° 356 (1984), p. 1547/244.
(4) *Ibid*., p. 1529-1530/221.
(5) *Ibid*., p. 1539/234.

いう概念によって彼は、ひとが戦略を構成し、規定し、組織し、道具とするための実践の総体を名指しているのである。この戦略は、自由な諸個人のあいだで相互に作用しうるものである。そして、そうした自由な諸個人こそが、あるときには他者の自由をコントロールし、決定し、限定しもするのである。それらは、根本的なところで、自己の自己への関係やそれを通じた他者への関係に基づいており、フーコーが自由というのは、こうした関係の総体を指している。

この観点からするならば、フーコーが晩年に探求するに至った「自己への配慮」も、統治の一技術と考えることができるだろう。すなわち、そこで実践される「アスケーシス」(askêsis)、つまり「自己による自己への働きかけ」は、身体的なレベルで権力関係に可動性や可逆性をもたらすようなもの、いわば、身体的なレベルで「反＝教導」を引き起こすものだと言えるのだ。ここには、前章で見てきたようなフーコーの権力理解から引き出された、抵抗の可能性が示されている、と言うことができる。

本書では最終的に、こうした可変的な権力との関係における「自己のポイエーシス」そのものを、フーコーにおける美学的な理念のひとつとして捉え直すことを目指す。その中心となるのは、おもに次章で検討する「生存の美学」という概念である。「生存の美学」は、フーコーが古代ギリシアの「自己への配慮」の文化から抽出した概念であるが、本章では、この検討に先立ち、後期フーコーの主体論において、古代ギリシアの「自己の実践」がどのように位置づけられていたか、あるいは「生存の美学」へと結実するようないかなる論点が示されているのか、という点について見ておきたい。そこでまず問題となるのは、主体と真理との関係であり、真理の獲得と自己の実践

との連関である。(7)

1 「自己への配慮」と「自己認識」

1-1 自己への配慮

さて、後期のフーコーが「自己のポイエーシス」のモデルを探し求めたのは、他ならぬ古代ギリシアであった。なぜ古代ギリシアかという点については、いくつもの要因が絡み合っているだろうし、また早計な判断は避けなければならない。ただ、理由のひとつとして、それが、前章で見たようなユダヤ・キリスト教的な司牧権力が形をなしてくる以前の社会である、という点は挙げられるのではないだろうか。いわば、フーコーにとって、「近代のオルタナティヴ」を探るには、そこま

(6) *Ibid*., p. 1547/244.
(7) フーコーは、晩年のインタビューでこれまで自らの歩みを振り返りつつ、それが、「主体はどのようにして自己自身について真理を語りうるのか」という問いに貫かれたものであった、と述べている（«Structuralisme et poststructuralisme», n° 330 (1983), p. 1262/314）。さらに彼は、この問いにとって、「権力諸関係」が決定的な要素のひとつであることを認めている。「私が、現にしているように、自己自身について真実を語るのは、部分的には、私が、私に行使され私が他者に行使するところの権力諸関係のいくつかを通じて自らを主体として構成しているからなのです」（*Ibid*., p. 1270/325）。ここからは、主体と真理、そして権力の密接な結びつきこそが、晩年の彼の主要な関心事であったことが窺われる。

で遡る必要があったのだ、と。それでは、そこに彼は、どのようなオルタナティヴを見出したのであろうか。本節ではまず、フーコーが古代ギリシアの思考の特色として第一に挙げる「主体と真理との関係」について見ていきたい。

フーコーは、一九八二年のコレージュ・ド・フランス講義（『主体の解釈学』）のなかで、主体と真理の関係を研究するに当たって、ひとつの観念を取り上げることから出発している。それが「自己への配慮」（epimeleia heautou）[8]である。彼は、この「自己への配慮」が、ギリシア、ヘレニズム、ローマの文化のほぼ全体を通じて、哲学的な態度を特徴づける「根本的な原理」であり続けてきた、と述べる[9]。

「自己への配慮」が、「主体と真理との関係」の考察に当たって重要であるというのは、いかなる意味においてか。それは、「自己への配慮」が、自己の真理へと達するために自己の変容を必要とする実践、いわば「霊性［spiritualité］」の実践の総体に他ならない、という点に関わる。この実践を通じて主体は、認識した真理の「反作用」によって変容を被ることになるのだ。言い換えるならば、古代において、「真理」を獲得するには、自己へと向かい、自己に配慮する必要があったというわけである。フーコーは、この「自己への配慮」が、古代の哲学からキリスト教の始まりまで連綿と続いたのみならず、その後のキリスト教的禁欲主義［ascétisme］のなかにも受け継がれたことを指摘する。

西洋においては、主体と真理の関係についての創設的な定式として、「汝自身を知れ」（gnôthi seauton）というデルフォイの神託がよく知られているが、それに対して、ここでフーコーは、この

「自己認識」に重きを置く定式とは異なる「自己への配慮」という観念から出発して、西洋における「自己の真理」への関係の歴史を捉え直そうとしているのだ。

1-2　自己認識

一方でフーコーは、この「自己への配慮」の掟が忘れられ、古代の文化において千年近くのあいだそれが占めていた地位が抹消されてしまった、そのもっとも重要な境目を「デカルト的契機 [moment cartésien]」[10]と呼ぶ。フーコーによれば、古代ギリシア・ローマ時代の全体を通じて、その様態はさまざまであれ、「哲学的な問題」（「いかに真理に到達するか」）と「霊性の実践」（「真理への到達」を可能にする、主体の存在そのものの変形）という二つのテーマは、決して切り離されることがなかったという。[11]そして彼によれば、「自己への配慮」とは、この「霊性の諸条件の総体、真理への到達のために必要な条件たる自己の変形の総体」に他ならなかった。それに対し、彼の言う「デカルト的契機」を境として、真理への到達を可能にするものは、ただ「認識」のみになってしまったという。

（8） *HS*, p. 4/4.
（9） *Ibid.*, p. 10/12.
（10） *Ibid.*, p. 15/18.
（11） *Ibid.*, p. 18/21.

真理の歴史の近代が始まるのは、真なるものへの到達を可能にするのは認識そのものであり、ただそれだけである、ということになったときからだと思います。つまり、哲学者が［……］、他に何も求められることなく、主体としての存在が修正させられたり変質させられたりする必要がなく、彼自身で、ただ認識行為のみによって、真理を認識することができ、真理へと達することができるようになったときです[12]。

フーコーはここに、主体と真理との関係が決定的に変化した地点を見出す。これ以降、真理は主体を変容させるものではなく、純粋な認識の対象となり、真理への到達は、「認識の自律的な発展[13]」となったのである。

このように、主体と真理との関係は、近代において決定的な変質を被ることになったが、古代においてもまた、それは決して一枚岩のものではなく、さまざまな様態的な変化（「自己への配慮」と「自己認識」とのせめぎ合い）を繰り返していたという。

ここからフーコーは、『主体の解釈学』講義のなかで、古代における「自己への配慮」の三つの主要な契機を取り上げることになる[14]。それはまず、哲学的思索における「自己への配慮」の登場としての、ソクラテス＝プラトンという契機である。次に、紀元後の最初の二世紀が、「自己への配慮」の「黄金時代」とされる。最後に、四世紀から五世紀にかけて生じた、キリスト教的禁欲主義への移行がある。先に見たように、フーコーは、近代以降の主体と真理の関係のなかに、「自己への配慮」に対して「自己認識」（「汝自身を知れ」）が決定的に優勢になる契機を見て取ったが、この古代の三つの時期にすでに、両者は、「自己の真理」への関係のなかで互いに絡み合い、またそれぞれの配分を変化させてきた、というわけである[15]。

上記の三期のなかで、フーコーがここでとりわけ注目するのは、「自己への配慮」の「黄金時代」と評されたヘレニズムおよびローマの時代である。そこで自己の実践は、プラトンにおいてはまだそうであったような、教育の補完物——つまり、「成人の政治的生活に入ろうとする若者に課された戒律」——であることをやめ、「生存の全展開に適用される命令[16]」となる。これをフーコーは、「自己の実践が、生の技法（tekhnê tou biou）と同一化する」と表現している。

2　自己への回帰

2-1　エートスを制作する知

前節で見たように、古代において、「自己への配慮」とはまず、自己への働きかけを通じた「真理への到達」を目的としたものであった。すなわち、真理を獲得するためには自己を変容させる必

(12)　*Ibid.*, p. 19/22.
(13)　*Ibid.*, p. 27/33.
(14)　*Ibid.*, p. 32/38.
(15)　*Ibid.*, p. 67–68/82.
(16)　*Ibid.*, p. 197/241.

要があり、この自己の変容を実現するために自己へと向かう必要があったのだ。フーコーは、「自己への配慮」のなかで、繰り返し立ち現れるひとつのイメージに注意を促している。それは、「私たちを私たちから逸らせるあらゆるものから、私たちを逸らせて、私たち自身へと再び向かわせること」[17]のイメージ、つまり「自己自身への方向転換」のイメージである。フーコーは、このイメージから、自己への「回帰［conversion］」という概念を抽出する。彼によれば、「自己への回帰（[se] convertere ad se）という主題が、とりわけ重要で恒常的な存在感を示すようになったのは、紀元一―二世紀である。

もっとも、「回帰」の主題そのものは、プラトンにおいても、エピストロフェー（epistrophê）という概念としてすでに現れていたし、後のキリスト教文化のなかでも、メタノイア（metanoia）という概念として受け継がれる。ただし、ヘレニズムおよびローマの時代における「回帰」は、そのいずれとも異なる独自のものであるという。

フーコーがピエール・アドの研究[18]に依拠しつつ述べるところによれば、エピストロフェーとは、「魂が存在の完成へと回帰し、存在の永遠の運動のなかにあらためて場所を占めることになる」[19]ような運動である。一方でメタノイアは、「その中心に自己および自己の自己による放棄の経験としての死と復活がある」[20]ような主体の再生である。それに対し、ヘレニズムおよびローマの時代における「回帰」とは、まずエピストロフェーのように、地上の世界と天上の世界との対立を前提とするものではない。反対にそれは、「世界への内在そのものにおいてなされる回帰」[21]なのだ。またそれは、メタノイアのように、自己の自己との断裂を引き起こすものでもない。それが断裂を引き起こすのは、自己に対してではなく、自己以外のもの、つまり他者や世界に対してである。「回帰」においてひとは、自己を取り巻くものから自己へと視線を向け変えることになるのだ。

ただし、視線を自己へと向け直すということは、後のキリスト教におけるように、自己の内面へ、つまり良心の秘密（arcana conscientiae）の解読へと向かうという意味ではない。知るべき事柄は、つねに世界であり、他者たちであり、私たちを取り巻くものであるということに変わりはない。それこそが、「自己への配慮」において獲得されるべき「知」（＝「真理」）であるのだ。違いは、それを「別様に」知るという点に存する。(22)

フーコーがキュニコス派の哲学者デメトリオスを参照しつつ述べるところによれば、有用な知と無用な知とを分けるのは、その「内容」ではなく、「認識の様態」である。すなわち、ある知が無

（17） *Ibid.*, p. 198/243.

（18） Pierre Hadot, *«Epistrophè* et *metanoia»*, in *Actes du XI*^{e} *congrès international de Philosophie, Bruxelles, 20-26 août 1953*, Louvain- Amsterdam, Nauwelaerts, 1953, vol. XII, p. 31-36（cf. reprise dans l'article «Conversion» rédigé pour l'*Encyclopaedia Universalis* et republié dans la première édition de *Exercices spirituels et Philosophie antique*（Nouvelle édition revue et augmentée）, Paris, Albin Michel, «L'Évolution de l'Humanité», 2002, p. 223-235.）

（19） *HS*, p. 207-208/253-254.

（20） *Ibid.*, p. 208/254.

（21） *Ibid.*, p. 201/246.

（22） *Ibid.*, p. 225/276.

用なものとなる認識の様態とは、「その知が命令に変形されえないような認識」であり、また「知の認識が主体の存在様態に効果を及ぼさないような認識」である。それに対して、価値を認められるのは、「知を命令に書き換えることができ、それがわれわれの存在を修正しうるような認識」である。有用な知とは、それを認識する主体の状態を変化させる知であるのだ[23]。

フーコーが強調するのは、自己への「回帰」において問題となる知というものが、「世界の事柄」と「人間の本性に関する事柄」という内容上の区別には関わりがない、ということである。それは、内容上の区別ではなく、認識の様態に関わる区別、つまり、ひとが神々や人間、世界について知ったことが、主体の行動やエートスに、どのように効果を及ぼすか、という点での区別なのだ。したがって重要なのは、生存様態を変化させる性質を持つ知、いわば「エートス制作的な［étho-poétique］」性格を持つ知ということになる。次の言葉は、このことを端的に言い表している。

知や知識がある形をとり、エートスを作り出すことができるような仕方で機能しているとき、それは有用なのです[24]。

フーコーが、ヘレニズムおよびローマの時代における自己への「回帰」の主題のなかに認めるのは、こうした主体と真理との存在論的な関係の十全な展開に他ならない。そこで求められるのは、「自己を認識の対象とするような知」ではない。反対に、求められるのは、「さまざまな事物や世界、神々や人間に関する知」であり、ただし、主体の存在を変化させる機能を持つようなそれである。それは、主体に「影響を及ぼす［affecter］」真理でなければならないのだ。[25]

2-2 アスケーシス――真理の実践

『主体の解釈学』講義のなかでフーコーは、この「自己への回帰」という主題、あるいは「自己の倫理や自己の美学の再構成」の重要性を、権力との関係から語っている。その要点は、「政治権力に対する第一にして究極の抵抗点は、自己の自己への関係にしかない[26]」という認識に存する。

統治性が、権力諸関係の戦略的領域を意味するとすれば、つまり、可動的で、可変的で、可逆的なものとしての権力を意味するとすれば、この統治性という概念に関する考察は、理論的にも実践的にも、主体という要素を経由せずに済ますことはできません。この場合の主体とは、自己の自己への関係によって定義されるものです。［……］統治性の分析――つまり、可逆的な関係の総体としての権力の分析――は、自己の自己への関係によって定義される主体の倫理を参照しなければならないのです。[27]

(23) *Ibid.*, p. 227/276.
(24) *Ibid.*, p. 227-228/279.
(25) *Ibid.*, p. 233/286.
(26) *Ibid.*, p. 241/294.

フーコーによれば、「権力」、「統治性」、「自己と他者たちの統治」、「自己の自己への関係」という四つの概念は、連鎖して網目のようにつながっており、また、これらの概念を中心にして、政治と倫理の問題が結びつくことになるという。フーコーが、「自己への回帰」において、認識（「認識の自律的な発展」）よりも実践（「真理への到達」を可能にする主体の変形）の側面に注目するのは、この「権力との関係」を見据えてのことに違いないだろう。

さて、「自己への回帰」における実践は「アスケーシス」（askêsis）と呼ばれるが、それはいったいどのようなものであろうか。まず、そこでも強調されるのは、「法」的なものとの対比である。フーコーによれば、アスケーシスが確立され、その技術を展開するのは、法という審級によってではない。アスケーシスとは、「真理の実践」[28]であり、それは、主体を法に服従させる方法ではなく、主体と真理とを結びつける方法であるのだ。古代の文化や思考において根本的な問題とは、「法への従属」や、「主体の自己自身による認識」ではなく、むしろ「知の霊性」であり、「真理の実践と行使」であった[29]。したがって、この語の意味するところもまた、後のキリスト教におけるように、自己放棄を最終目標とするようないわゆる「禁欲」ではなく、反対に、真理との関係において自己を構成するための実践となる。アスケーシスの目標とは、十全かつ適切な、自己の自己への関係を構成することに他ならない。

アスケーシスによってひとは、パラスケウエー（paraskeuê）を、つまり、「真の言説が、理性的な行動の母型《マトリクス》となるためにとるべき形[30]」を構成することになる。それは、真理を主体の行動原理へと変換する要素である。言い換えるならば、アスケーシスとは、このパラスケウエーを形成し、定着させ、再活性化し、強化するための手続きの総体なのだ[31]。こうして、アスケーシスとは、「ひとが真理を獲得し吸収して、それを永続的な行動原理に変形する際の手段としての、一連の実践[32]」と定義することができる。そこでは、いわば「アレーテイアがエートスとなる」のであって、またフーコーによれば、これこそが「主体化」のプロセスということになる。

フーコーは、これらのアスケーシスの総体を指して「生存の技法［art de l'existence］」と呼ぶ。「生存の技法」の具体的な展開は、さまざまな日常的な実践として現れ、多岐にわたるが、その根底には、つねに本節で見た真理への関係が横たわっている。この点を踏まえた上で、次節では、「生存の技法」の要点を、『性の歴史』の二・三巻（『快楽の活用』、『自己への配慮』）を中心にして見ていきたい。

（27）*Ibid.*, p. 241-242/294.
（28）*Ibid.*, p. 303/362.
（29）*Ibid.*, p. 305/364.
（30）*Ibid.*, p. 312/372.
（31）*Ibid.*
（32）*TS*, p. 35/48.

3　生存の技法

3-1　養生の実践

「自己への配慮」においては、「真理への到達」を目的として個々の「真理の実践」（アスケーシス）が行われる。そしてそれは、具体的には、日常生活における種々の行動のひとつひとつとして実現され、これら行動の総体が「生存の技法」と呼ばれる。逆に言えば、古代の人々にとっての日常生活とは、一見取るに足らないように思われる些細な挙動に至るまで、つねにこの「真理との距離」を測りながら展開するものとしてあったのだ。では、そこで実現される「生存の技法」とは、いかなるものであったのか。

古代ギリシアの「生存の技法」の体系のなかで、フーコーが『性の歴史』三部作においておもな関心を寄せたのは、性的な関係にまつわるものであった。ただし、「生存の技法」そのものの射程は、必ずしも性的なものに限られるわけではない。たとえば、『快楽の活用』の第二章は、「生存の技法」における、さまざまな日常的行為への配慮の重要性について語るところから始まる。

そこでフーコーは、古代ギリシアにおける「生の技法［art de vivre］」の根本的なカテゴリーとして「養生／制度［régime］」という概念を挙げている。

養生とは、それを通じて人間の行動を考えることができるような、根本的なカテゴリーである。

すなわちそれは、自らの生存を導く方法を特徴づけ、行動の規則の総体を定めることを可能にするのだ。それは、振る舞いを問題化する様式であり、この様式は、守るべき、そして順応すべき自然といったものに応じて形成される。養生とは、まさに生の技法である。[33]

ここでフーコーが参照しているヒポクラテスの『悪疫論』第六巻によれば、養生の領域には、「運動（ponoi）、食べ物（sitia）、飲み物（pota）、眠り（hupnoi）、性的な関係（aphrodisia）」などが含まれる。すなわち養生とは、人間の身体的な生を構成する数多くの要素を、起床から就寝までの一日を構成するあらゆる要素を含む実践の総体であり、性的な関係は、あくまでその一部に過ぎないのだ。[34]実際、フーコーが挙げる養生の具体例は多岐にわたる。たとえば、「［起床後］最初の運動、体を洗うこと、体や頭のマッサージ、散歩、プライベートな活動とジム、昼食、昼寝、そしてまた、散歩とジム、塗油とマッサージ、夕食[35]」などがそれに当たる。時間の流れに沿って、そして、人間の活動のそれぞれに関して、養生は、「身体との関係を問題化し、生の方法――その形式、選択、変数が、身体への配慮によって規定されるところの――を展開する」ことになるのである。[36]

フーコーによれば、養生は、身体とその活動への配慮として、二つの形式を持つ。まずそれは、

（33）*UP*, p. 133/131.
（34）*Ibid.*, p. 134/132.
（35）*Ibid.*, p. 135/132.

「「連続への」配慮、シークエンスへの配慮」[37]である。すなわち、（食事、運動、入浴といった）さまざまな活動は、それ自体としては良いものでも悪いものでもなく、それらの価値は、先行する活動や後続する活動との関係によって決まる、というわけである。一方で、養生の実践は、「状況への」配慮を、つまり、外の世界に対する、その構成要素（気候、季節、一日の時間帯、湿度、温度、風、地域の特性、都市の成り立ちといったもの）やそれが与える感覚に対する配慮を含む。それは、こうしたあらゆる変数に応じて生の送り方を調整することである。この意味において、養生とは、普遍的・画一的な規則の集成ではなく、むしろ、われわれが置かれうるさまざまな状況に反応するための「手引き」のようなものであり、状況に応じて行動を調整するための「条約」と言うことができる[38]。

フーコーは、「生の技法」としての養生の実践について、次のようにまとめている。

生の技法としての養生の実践とは、［……］自らの身体に、正しく、また必要十分な配慮を持った主体として自己を構成する方法である。それは、日常生活を貫く配慮であり、生の大部分を占めるありふれた活動を、健康と道徳の賭け金にする配慮であり、身体とそれを取り巻く諸要素とのあいだに、状況に対する戦略を定める配慮であり、最後に、個人自身に合理的な行動を身につけさせることを目指す配慮である[39]。

3-2 「自己への専心」の方法

以上見てきたように、養生とは、日常生活のなかで自己との関係を問題化するための諸実践で

（36）*Ibid.* なおドゥルーズは、古代ギリシアにおいて、養生モデルを強調する自己関係と、性的関係とのあいだには必然的な結びつきは存在しないとも述べている。それによれば、両者の結びつきが必然的なものとなっていくのは、後のキリスト教においてである。以下を参照。Gilles Deleuze, «Sur les principaux concepts de Michel Foucault», in *Deux régimes des fous. Textes et entretiens 1975-1995*, Paris, Éditions de Minuit, «Paradoxe», 2003, p. 241〔ジル・ドゥルーズ「ミシェル・フーコーの基本的概念について」宇野邦一訳『狂人の二つの体制』、河出書房新社、二〇〇四年所収、九〇—九一頁〕.

（37）*UP*, p. 140/137.

（38）この身体と環境との相互関係については、『自己への配慮』にも同様の記述を見出すことができる。「周囲の環境のさまざまな要素は、健康にとってポジティヴあるいはネガティヴな効果を持つものとして知覚される。個人とそれを取り囲むものとのあいだに、網目状の干渉関係がすっかり想定されるのである。〔……〕そこでは、周囲のものが、恒常的に、また細部にわたるまで問題となる。すなわちそれは、身体に関して、この周囲のものに微細な価値が与えられるとともに、身体もまた、周囲のものから影響を受けやすいものとみなされるようになる、ということである」（*SS*, p. 138/137）。「周囲の環境、場所、時といったものへの配慮には、自己に対する、つまり自己の状態や振る舞いに対する永続的な注意を必要とする」（*Ibid.*, p. 140/139）。またここには、セネカが「自己感知」（*συναίσθησις*）という名で呼んだ作用と通じるものがあるだろう。ストア派には、周囲の事物の把握にはつねに、自己についての感知、とくにその身体的な側面についての感知が伴うとする考え方がある。こうした随伴作用は「関係的様態」（*πρός τι πως ἔχον*）と呼ばれる。「自己感知」は当面、自己保存を目的とする「身体に対する関係的様態」であるが、これはやがて「理性」へと進展することによって、その関係項を狭義の「自己」を超えた世界にまで広げていくことになるのである。ストア派における「自己感知」の理解については以下を参照。神崎繁「生存の技法としての「自己感知」（上・下）」、『思想』九七一、九七二、岩波書店、二〇〇五年。

（39）*UP*, p. 143/139-140.

あった。それは、自己に「専心」することによって、つまり、自己へと向かい、自己との関係を問うことによって、「自己の真理」を獲得することを目指す。では、この「自己への専心」は、どのような仕方で行われるのだろうか。

すでに述べたように、養生には、食事、運動、ボディーケア、欲求の充足、瞑想、読書、ノートをつけることといった、広範な日常的行為が含まれる[40]。マルクス・アウレリウスは、こうした日常的行為のなかに、自己への「アナコレーシス」(anakhôrêsis)、つまり、自己自身の内部への精神的な退却を見出している。それは、いわば自己の内部への「引きこもり」であるのだが、しかし、そうした引きこもりは、後のキリスト教におけるように、自らうちに罪のようなものを探し出すために行われるのではない。そうではなくそれは、もっぱら「行動規範」を思い出すためにのみ行われる。すなわちそれは、裁いたり告発したりといった行為からなる「裁判」ではなく、成し遂げられた活動を評価し、それにまつわる原理を再活性化し、その将来的な適用を調整する、といった行為からなる「行政管理〔contrôle administratif〕」により近いものである。そこで行われるのは、「裁判官〔juge〕」の仕事というよりも、むしろ「検査官〔inspecteur〕」の仕事であるのだ。

この検査において、主体の自己との関係は、裁判官を前にした告発といった裁判モデルではなく、「管理者が、ある仕事や成し遂げられた使命を評価するところの、検査行為」の様相を呈する[41]。すなわち、検査に賭けられているのは、自らの有罪性を見つけ出すことではなく、賢明な行動を保証する分別ある心構えを強化することなのである。そこでは、過ちはあくまで戦略上のものであって道徳的性格を付与されておらず、そこで行われるのも、自らの罪過の暴露ではなく、規則の再活性化に他ならない。

ここで、法による「裁き」に従うのではなく、自己が自己の行動を評価し、行動原理を再活性化し、それを将来の行動のために調整するという「アナコレーシス」は、自己による自己の導き、あるいは「自己の真理」による導きへとつながるものとなるだろう。

さらにまた、この「自己への専心」は、個人で行う事柄に限られるものではなく、友人や師との対話によっても成し遂げられる。というのも、そこで人々は、自らの魂の状態を語り合い、アドバイスを与え合うからである。

自己への配慮をめぐって、パロールおよびエクリチュールに属するあらゆる活動が展開し、そこでは、自己の自己に対する働きかけと、他者とのコミュニケーションという両者が結びついていた。(42)

フーコーは、この両者が通い合う地点を指して、「自己に当てられた活動のもっとも重要な点のひとつ」と言う。というのも、この活動は、たんなる孤独な鍛錬といったようなものではなく、

(40) SS, p. 71–72/69–70.
(41) *Ibid.*, p. 86/82–83.
(42) *Ibid.*, p. 72/70.

「真の社会実践」だからである。「自己への専心」のなかでひとは、他者によって導かれ、アドバイスを受けるのみならず、反対に、他者を導き、アドバイスを与える側になることもある。すなわち、自己への配慮とは、「他者が自己自身に対して持つべき配慮についての配慮」と表裏一体のものというわけである。友人や師との対話は、彼らとの関係を深め、そこで行われる「精神の教導」を、各々が自らのために活用することができる「共同の経験」へと変えることになる。自己への配慮は、他者との交流や互恵的な関係をもたらす「魂への奉仕」と内在的に結びついているのである(43)。

こうして、「自己への専心」は、自己による自己の導きと同時に、他者との双方向的な関係ももたらすことになる。そこには、自己の内へと向かいつつ、同時に自己の外にもつながっていくような運動を見出すことができるだろう。古代における「真理」の探究は、こうした外部に開かれた「自己への専心」を通じて行われるものであったのだ。

3-3 「自己の自己による統治」のテクネー

さて、本章の冒頭で述べたように、後期の主体論においてフーコーが探究したのは、他者からの統治を避け、自己自身を統治すること――あるいは、他者からの専制的な導きによらず自己を導くこと――であり、そのための方法であった。そこで抵抗は、たんなる反発運動としてよりもむしろ、「自己への回帰」として、そして、あるテクネーによる主体の形成という、ポジティヴな運動として現れることになる。

この意味において、ここまで見てきた、「自己への配慮」を基本原理とする「生存の技法」は、

「反＝教導」としての「自己の自己による統治」を達成するためのテクネーと考えることができるだろう。その大半が、日常の具体的かつ些細な行いへの配慮からなる「生存の技法」、このテクネーによってわれわれは、自己自身との、新たな、そして特異な関係を絶えず結び直すことになるのである。そしてそれは、これらの諸実践を通じて、各々の「自己の真理」を獲得するという形で実現するだろう。真理への関係が、「生存の技法」の基層をなすというのは、こうした意味である。

ところで、『快楽の活用』の序文でフーコーは、「行動の規範《コード》とその体系性を重視する道徳」と「主体化の形式と自己実践を重視する道徳」とを区別している。

広義のあらゆる「道徳」には［……］、行動の規範《コード》という側面と主体化の形式という側面の両者が含まれ、また、両者を完全に分離することは決してできないというのも確かであるが、それらは、互いに比較的自律的な形で展開することがある。(44)

ここでフーコーが述べる、「規範へと方向づけられた」道徳と「倫理へと方向づけられた」道徳

(43) *Ibid.*, p. 75/73.
(44) *UP*, p. 41/39. 同様に、晩年のあるインタビューにおいては、「われわれがいかなる仕方で行動するべきか、われわれに告げる規範《コード》」としての「倫理」と、「個人が行動する際に、自己自身に対して持つ関係」としての「倫理」が区別されている（«Une interview de Michel Foucault par Stephen Riggins», n° 336 (1983), p. 1355/440）。

との区別は、つまるところ、「道徳」と「倫理」との区別と言い換えることができるだろう。そして、『主体の解釈学』の「講義の位置づけ」のなかで、本講義録校訂者のフレデリック・グロが述べているように、倫理は、一般化されることによって、次第に「普遍的な規範〔norme〕」とみなされるようになっていく。それは、「普遍的な適用によって、あらゆるひとに義務づけられる道徳へと翻訳される」のである(45)。

以上の区別を踏まえるならば、ここまで見てきた古代ギリシアの「自己への配慮」をフーコーは、「道徳」としての側面を強める以前の、「倫理」の次元に属するものとみなしている、と言うことができるだろう。このことはまた、「自己への配慮」における主体化が、法ではなく、真理との直接的な関係にある、というフーコーのテーゼにも現れている。そこでは、法という「普遍的な規範」、あるいは、他から一方的に与えられ、自らと本質的に無関係な真理ではなく、自己への働きかけによる自己の変容を通じて獲得される真理、つまり「自己の真理」こそが問題となるのだ。

さて、この「倫理」の次元で行われる「自己のポイエーシス」こそ、フーコーが「生存の美学」と呼ぶものに他ならない。「生存の美学」については次章で詳しく論じるが、以下では、そこでも重要な役割を果たす「パレーシア」（parrêsia）という概念について、先取り的に見ておきたい。この概念は、これまで見てきた「生存の技法」のなかでも、真理との関係を正面から問題としているという点において、もっとも重要なもののひとつである。

4　パレーシア

4-1　真理を語ること

「パレーシア」とは、通常「真理を語ること［véridiction］」として定義される概念であるが、ここまでの議論を踏まえるならば、この概念もまた、何らかの形で「生存の技法」に属するものであることが予想されるだろう。つまりそれは、それらの実践の一形式と捉えることができ、したがって主体の形成（ポイエーシス）に関わるものと考えられる、ということである。

フーコーによれば、デカルト以降の近代哲学にとっては、ある思考が真理とみなされるのは、思考する主体の精神のうちで、明証性という経験が生まれる場合である。それに対して、ギリシアにおいては、思考が真理となるのは、心の内側の経験によってではなく、パレーシアという行動そのものによってであるという(46)。そこでは、こうした仕方で、「真理を語ること」と「主体化」が結びついているのである。

たとえばフーコーは、一九八三年の講義（『自己と他者の統治』）のなかで、『パイドロス』を註解する形で、「ロゴスの真のテクネー」について論じている。そこで取り上げられるのは、ソクラテ

(45)　*HS*, p. 513/593-594.
(46)　Cf. *FS*.

スとパイドロスの対話のなかで「良きロゴスの条件」が話題となる箇所である。ここで、「良きロゴスの条件とは、語る者が自らが語るところのものに関する真理（アレテー）をあらかじめ認識していることである」と答えるパイドロスに対してソクラテスは、「真理の認識とは、言説の良き実践に先行するものではない」と反論する。(47)

「認識」の「実践」への先行性を唱えるパイドロスに対して、それを否定し、逆転させるソクラテス。フーコーは、両者のやりとりを次のように解釈する。すなわち、ここでソクラテスが言わんとしているのは、「ある言説が真の言説であるためには、真理の認識が、ある者が語る前に与えられてはならず、真理がその言説の恒常的で永続的な一機能でなければならない」ということである、と。(48) また、フーコーによれば、こうした意味での「真の言説」を実現するものこそ、言説の「真正の術《アート》」（etumos tekhnê）に他ならない。(49)

さてそれでは、ここで言われている「真理が言説の永続的な機能となる」とは、いったいどのような事態を指すのであろうか。それは、先に見た主体と真理との関係から理解できるだろう。そこでは、パラスケウエーを構成することによって真理を主体の行動原理へと変換することが、いわばアレーテイアをエートスへと変換することが「主体化」と呼ばれていた。この場合、パレーシアを通じて、真理の語りが主体の存在様態として構成されることがそれに当たる。主体は、このテクネーによって、「素材としての自己」に真理を取り込むことによって、その組み換えを行い、自己との新たな関係を結ぶ。そしてその際、こうした自己の変容を引き起こすようなテクネーこそが、「ロゴスの真のテクネー」とされるのである。

4-2 真理認識の方法

ところで、『パイドロス』においてソクラテス＝プラトンは、真理の認識には、「綜合と分割」からなる「ディアレクティケー」（dialektikê）と呼ばれる方法が必要になると述べている。ここで、「綜合」とは、自然を連接することを、「分割」とは、自然を適切に細分化することをそれぞれ指す[50]。

このディアレクティケーによって、魂は真理を認識することができるようになるが、フーコーによれば、それは、たんなる客観的な認識に留まるものではなく、ある実践とでも言うべきものである。ディアレクティケーにおいて魂は、真理の獲得を通じてそれを魂へと刻みつけることになり[51]、その結果、認識の前と後とで同一の状態を保つことがない。それは、魂が自らを不可避的に変容させることになるような、ひとつの「経験」である。そして、真理の認識がそうした「経験」を通じてなされることによってこそ、「真理が言説の永続的な機能である」ことが、つまり、ある言説がパレーシアであることが可能となるのだ。

こうしてフーコーは、「魂が〈存在〉の認識へと達しうる」のは、「魂の運動[52]」によってであると

（47） プラトン『パイドロス』259E-260E. 以下の邦訳を参照。「パイドロス」藤沢令夫訳『プラトン全集五』、岩波書店、一九七四年所収。
（48） GSA, p. 303/406. 傍点は引用者による。
（49） *Ibid.*, p. 304/407.
（50） *Ibid.*, p. 305/408；プラトン、前掲書、265D-265E.
（51） 同書、276A, 278A.

述べ、この「真理へのアクセスと魂の自分自身との関係とのあいだに存在する紐帯」を、次のように定式化する。

〈存在〉それ自体と関係することになるディアレクティケーの道を行こうとする者、この者は、自らの魂と、あるいは愛によって他者の魂と、ある関係を持たざるをえません。魂は、その関係を通して修正を被り、そうして真理へと達することができるようになるでしょう。[53]

先に見た通り、フーコーは後期の主体論において、主体をネガティヴにもポジティヴにも変転しうるような諸力の錯綜体として捉えていた。さらに言えば、フーコーにおける「抵抗」とは、こうした力の流れの向け変えに他ならなかった。その意味で、彼の権力論において要となるのは、この諸力の流れを導くテクネーということになるだろう。ここから、真理認識の方法としてのディアレクティケー、さらに、それに基づいたパレーシアというテクネーは、こうした主体の領域確定という実践であり、経験であると考えることができるのではないだろうか。

一方、そこで真理は、パレーシアによって取り込まれ、主体を構成するための要素として捉えられている。前章の末尾で触れたように、ここで「真理」はもはや、主体に強制されるネガティヴな力というよりも、主体の形成に関わるポジティヴな力として作用している、と言うことができるだろう。ここには、七〇年代に形成された権力論に伴うフーコーの真理観が現れているものと思われる。次節では、この点を、同じく七〇年代にフーコーのなかでその地位を変化させた「狂気」とのつながりのなかで確認しておきたい。

5　真理と狂気

5-1　真理の体制

フーコーは、七七年に行われたインタビューのなかで、真理について、それが「権力の外にも、権力なしにも存在しないもの」であると述べている[54]。この言葉は、真理というものが、権力システムおよび権力効果との循環的な結びつきの上に成立するものだ、ということを意味している。フーコーによれば、あらゆる社会のそれぞれに、真理の体制、真理をめぐる政治が存在する。すなわち、あらゆる社会には、その社会が受け入れ、真理として機能させる言説があり、真の言表と偽の言表とを分けるメカニズムや審級、そして手法があり、真理の獲得にまつわる技術や手続きがあり、真理を述べるのにふさわしい地位の者たちがいる、というわけである。こうして真理は、さまざまな科学的言説に基づき、政治的・経済的要請に従い、流通と消費の対象となる。

この「真理の体制［régime de vérité］」については、同時期の講義でも言及されていた。たとえば

(52)　*GSA*, p. 307/411.
(53)　*Ibid.*, p. 307/412.
(54)　«Entretien avec Michel Foucault», n° 192 (1977), p. 158/216.

『生政治の誕生』のなかでは、それは、一連の実践と結びつくことによって、現実には存在しないもの（狂気、病、非行性、セクシュアリティ）を現実のなかでしるしづけ、それを真と偽の分割に服させるものとして説明されていた[55]。それは、現実のさまざまな実践と結びつくことによって、こうした知＝権力の装置を形成するものであるのだ[56]。

それでは、真理の体制を受け入れない者たちはどうなるのだろうか。フーコーによれば、彼らは「狂人」の烙印を押され、この体制から排除されることになるという。真理の体制は、あくまでそれを受け入れる主体を、つまり「狂気に陥っていない主体」を前提とするものであり、それゆえ、狂気の排除は真理の体制の「根本的な行為」であるのだ[57]。こうして、真理の体制において、それを受け入れないという選択は原理上ありえないことになる。

フーコーはまた、科学の身分について、それ自体がこの真理の体制に属するものであることを指摘する。そこでは、「真理の権力が、その強制が真そのものによって保証されるような形で組織される」のであって、また真理とは、「それが真であるがゆえに、その限りにおいて、強制し拘束する」ものであるとされる[58]。ここからフーコーは、科学とは、「真理の可能な諸体制のひとつ」に他ならないとした上で、そこには科学以外にも多数の体制があると述べる[59]。

このような真理の体制、真理をめぐる政治の存在は、同時にまた、「真理のための闘い」、「真理をめぐる闘い」を導くことになるだろう。言うなれば、ここでフーコーは、真理という言葉で、「言表の生産、法則、配分、流通、機能のために規則化された手続きの総体[60]」を意味している。それは、「真と偽を見分け、真に特定の政治的効果を与える」ものであり、それに対して、「真理のた

めの闘い」とは、「真理の地位とそれが果たす政治的＝経済的役割をめぐる闘い」を意味する。(61)

真理は、それを生み出し支える権力システムに、また、真理が生み出し真理を支えるところの権力効果に循環的に結びついている。これが「真理の体制」である。したがって問題は、真理の生産に関わる、この政治的・経済的・制度的な体制を変えることとなる。それは、真理をあらゆる権力

(55) *NB*, p. 22/25.
(56) 一方で、八〇年の『生者たちの統治』講義では、「論理［logique］」を例として、「真理の体制」が論じられていた。フーコーによれば、いかに厳密に組み立てられた論理であっても、その下に認められるのは、論理的秩序とは明確に別の何ものかであるという。彼は次のように言う。「論理とはあるゲームです。そこでは、真なるもののあらゆる効果が、そのゲームを行い、規則正しい手続きに従うあらゆる者に、この論理を真と認めるよう強いることになります。論理とともにあるのは、ある真理の体制であり、そこでは、それが体制であるという事実が消え去る、あるいはともかく見えなくなる、と言うことができます」(*GV*, p. 96)。
(57) *GV*, p. 96.
(58) *Ibid.*, p. 97.
(59) 実際、『生者たちの統治』講義で中心的に論じられるものこそ、まさにこの科学以外の真理の体制、とりわけ「告白」という形での真理の表明であった。「告白」という真理の体制は、「いくつかの手続きを伴う真理の表明と、その操作者、証人、場合によっては対象ともなるような主体とを結びつけるさまざまな関係のタイプのこと」であるのだ (*Ibid.*, p. 98)。それはまた、多かれ少なかれ強制的な仕方で、真理の表明とそれを実行する主体とを結びつけることになるだろう。
(60) «Entretien avec Michel Foucault», n° 192 (1977), p. 160/218.
(61) *Ibid.*, p. 159/217.

システムから解放するということではない――真理は、それ自体が権力でもあるのだから。そうではなくそれは、目下その内部で真理が機能しているところの（政治的・経済的・文化的に）支配的な形態から、真理の権力を引き離すことを意味するのだ[62]。

前節の議論を受けるならば、「パレーシア」における真理の獲得によって目指されているのは、まさにこの「真理の体制」の変化である、と言うことができるだろう。というのも、前章で見たように、権力の諸関係が可動的、可逆的なものであるとするならば、それを支えとする真理の体制もまた、主体の具体的な行動［conduite］によって変化させることが可能だからである。フーコーが晩年の主体論において、とりわけ「真理への関係」を問い続けたのは、この真理と権力との結びつきに由来する。そこでは、「パレーシア」という「反＝教導」によって主体と真理との関係を変えることによって、「真理の体制」そのものを変化させることが目指されていたのである[63]。

5-2　限界経験としての狂気の真理

一方で、六〇年代のフーコーによって真理との相互帰属性を指摘された狂気であったが、七六年に行われたインタビューのなかで彼は、狂気について、それが「絶対的な外部」に位置するものではない、という発言をしている。それは「外のパロール」などではなく、あくまでわれわれの社会の内部に、その権力の諸効果の内部にあるというのだ。フーコーは言う。

狂人とは、権力の網の目に囚われ、さまざまな権力装置のなかで形成され、機能するものなので

す。(64)

ピエール・マシュレは、六〇年代までのフーコーにおける「狂気」が、絶対的な外部として定位されていることを指摘し、その狂気の「神話化」を批判したが(65)、七〇年代のある時期以降のフーコーは、そのような狂気解釈から距離を取り、方向転換を図っているように見える。では、狂気が「絶対的な外部」でないとしたら、それはどのようなものとみなされることになるだろうか。手がかりとなるのはやはり、「権力」に対する同時期のフーコーの理解であるだろう。先のインタビューのなかでフーコーは、狂気というものが、権力の外部ではなく内部において形成され、機能するものであることを指摘していた。

(62) *Ibid.*, p. 160/218-219. フーコーは、知と権力、つまり真理と権力との境界面を明らかにすることこそが自らの問題である、と明言している（«Pouvoir et savoir», n° 216（1977）, p. 404/564）。
(63) この点については、以下も参照。Fulvia Carnevale, «La Parrhèsia : le courage de la révolte et de la vérité», in *Foucault dans tous ses éclats*, Paris, «Esthéques», L'Harmattan, 2005, p. 141-210.
(64) «L'extension sociale de la norme», n° 173（1976）, p. 77/94.
(65) Pierre Macherey, «Aux sources de «*l'Histoire de la folie*» : Une rectification et ses limites», *Critique*, n° 471-472, août/septembre 1986, «Michel Foucault du monde entier», p. 769. マシュレによれば、フーコーの狂気表象にとって、五〇年代（『精神疾患とパーソナリティ』）にはマルクス（「非疎外化された社会」）が、六〇年代（『精神疾患と心理学』、『狂気の歴史』）にはハイデガー（「隠された真理」）が、それぞれ決定的な参照項となっているという。

先に見た通り、この時期のフーコーは、権力というものが、従来考えられてきたように、抑圧や禁止の作用を持つものではなく、むしろ何らかの生産力を持つものであることを繰り返し指摘するようになっていた。たとえば、性とは、権力によって禁止されるものではなく、むしろ権力こそが性を生み出すものだ、という具合である。

こうした権力理解の転換を念頭に置くならば、権力の内部において形成され、機能するところの狂気もまた、権力との関係のなかで生み出されるものということになるだろう。言い換えるならば、権力とは、狂気の排除ではなく、その形成に、機能に関わるのである。そして、この意味において狂気とは、何らかの本性として存在するものではなく（まさに「絶対的な外部」として）、あくまで権力の映し絵として、それとの内在的な連関のなかで存在するものだ、と言うことができるだろう。実際この時期のフーコーは、『狂気の歴史』に触れる際に、そこで真に問題であったのは、狂気をめぐる知の様態というよりも、狂気に行使される権力の様態であった、と回顧的に総括している[66]。

フーコーは狂気を、それを認識することを通じて、認識の主体が変形するような限界経験［expérience limite］として位置づけている。すなわち人間は、狂気という限界経験を、ひとつの認識対象へと変換することを通じて、それと相互的な形で、自らを認識主体として構成するのである。いわば狂気とは、「それを通じて認識主体と認識対象が構築されるところの、一連の合理的な集団的経験[67]」である。これが、「狂気の真理という経験は、実際の認識の可能性と、それと対になった主体の練り上げの可能性を伴う[68]」というフーコーの言葉が意味するところである。要するに、「狂気」

という限界経験を介して、認識の主体と客体が相互的に生成するのである。

ここでフーコーは、「限界経験による主体の変形」と「知の構成による主体の変形」とを、ある種の仕方で重ね合わせている、と言うことができるだろう。(69) ここでもまたフーコーは、「知［savoir］」という言葉に、「主体が、自らの認識する事柄そのものによって、あるいはより正確には、認識のために行う作業［travail］の際に、ある修正を被るようなプロセス(70)」を見ているのである。この意味において、知の運動とは、主体を修正すると同時に対象を構築することを可能にするプロセスである、と言うことができる。

以上、前章で見た後期フーコーの権力論を下敷きに、本章においては、同時期のフーコーによる主体論を検討してきた。そこで明らかとなったのはまず、フーコーのなかで、日常の些細な行為の積み重ねからなる「主体の形成」が、それ自体、権力の諸関係を変化させる試みとして構想されているということであった。一方で、その際に「主体の形成」という言葉で意味されていたのは、「自己の真理に対する関係」を変化させ、つねに新たなものとすることに他ならなかった。さらに本章では、ここに見られる「権力の諸関係の変化」と「真理への関係の変化」との一致が、七〇年

(66) «Pouvoir et savoir», n° 216 (1977), p. 402/561.
(67) «Entretien avec Michel Foucault», n° 281 (1980), p. 874/212.
(68) *Ibid.*, p. 875/213.
(69) *Ibid.*, p. 876/214.
(70) *Ibid.*, p. 876/215.

代のフーコーの権力論にすでに認められることを確認した。

次章以降では、本章で論じてきた後期の主体論を、「生存の美学」という概念を中心にさらに検討するとともに、この主体論と同時期の具体的な芸術論との関係を探っていきたい。

補論　告白と服従

洗礼

一九八〇年の『生者たちの統治』講義のなかでは、「自己への配慮」の「黄金時代」(ヘレニズム・ローマの時代)の後に来るキリスト教の真理の手続きが詳細に検討されている。そこで問題となるのは、真理を語る行為としての「告白」と、他者への隷属としての「服従」との結びつきである。言い換えるならば、そこで真理は、あくまで服従化〔assujettissement〕の帰結として生み出されることになるのである。この補論では、フーコーが評価する「自己への配慮」を裏面から照射するという意味で、この時期に主体と真理との関係がどのように変化していったのかについて、彼自身の記述に拠りながら確認しておきたい。それは、フーコーのなかで「自己への配慮」がどのようなものとして構想されていたかを理解するための、恰好の補助線となるだろう。

原始キリスト教における真理の手続きとしてとりわけ重要なものに、「洗礼〔baptême〕」という儀礼行為がある。それは、その全体が、さまざまな段階を経て真理へと至る道、つまり「真理のサイクル」(71)となっているところの儀礼である。そして、フーコーによれば、この原始キリスト教における真理の手続きに、決定的に新たな契機を画した存在が、二世紀から三世紀に活動した神学者のテルトゥリアヌスである。[72]フーコーは、そこで起こった変化を次のように記述している。

まず、それまでのキリスト教の歴史においては、洗礼における「浄化〔purification〕」と「真理へのアクセス」との関係が、おもに教理問答〔catéchèse〕による「教育」という形をとっていたのに対し、テルトゥリアヌスにおいては、この両者の関係は、「試練〔épreuve〕」という形をとるようになる。[73]また、それまでは、洗礼という儀礼自体が魂の浄化を保証するものと考えられていたのに対し、テルトゥリアヌスはこれを否定する。彼は反対に、われわれはむしろ洗礼の前にすでに浄化されているべきであり、この浄化によってこそ、真理へと至ることができる、と述べる。[74]

洗礼の重心の、「儀礼」から「浄化行為そのもの」への移行、また、この浄化の内容の、「教育」から「試練」への移行。これら二重の移行により、洗礼のなかで主体の果たす役割は、格段に大きなものとなる。フーコーは、アレチュルジー〔aléthurgie〕（真理の表明）の手続きにおいて主体に属する部分を「真理の行為〔acte de vérité〕」と呼ぶ。[75]そして彼は、この「真理の行為」の「もっとも

（71）　*GV*, p. 104.

（72）「いまやわれわれは、洗礼の概念の大変化、そして浄化と真理との関係の大変化を形作るように思われるものへと至ることになります。それが見出されるのは、もちろんテルトゥリアヌスにおいてです」（*Ibid*）。

（73）　*Ibid.*, p. 112.

（74）　*Ibid.*, p. 114.

（75）　*Ibid.*, p. 79.

純粋で歴史的にもっとも重要な形態」を、原始キリスト教における「告白［aveu］」の実践に見出すのである。[76]この真理表明の手続きのなかで主体は、真理を明らかにするためのエージェントの役割を果たすことになる。

ところで、テルトゥリアヌスにとって罪や堕落とは、悪の要素へと陥るという事実に存するのではなく、むしろ、魂の内部に悪の要素が、つまり悪魔が存在するという事実に存する。したがって、洗礼の役割は、魂の内部から、このサタンを追い払うことにある。[77]こうしてフーコーによれば、テルトゥリアヌスにおいてはじめて、「洗礼のときとは危機のときであり災厄のときである」という考え方が現れるという。[78]そこで問題となるのは、本性の根本的な変化であると同時に、敵対者に対する戦いでもある。というのも、洗礼のときとは、サタンがその脅威を強めるときでもあるからだ。また、それればかりか、サタンは洗礼の後にも脅威を弱めることなく、ますます勢いを増すことになる。

ここからテルトゥリアヌスは、洗礼における自己自身との関係にとって根本的なものとして、メトゥス（metus）、つまり恐れの感情を挙げる。それは、自己の純粋性を確信しないことであり、また自己の救済を確信しないことである。こうした不確実性、不安は、信仰の感情の源となるだろう。「もし信仰を持とうとするなら、自己自身の存在を決して確信してはならない」のである。[79]フーコーは、メトゥスの意味について次のように述べる。

私は、この恐れが、二世紀と三世紀の転換点以降のキリスト教に根ざしたものであり、またそれが、主体性と呼ばれるもの――つまり、自己の自己への関係、自己に対する自己の実践、個人が自己自身の根底に見出すことができる真理といったもの――の全歴史において、この上なく決定的な重要性をはっきりと持つようになると思います。(80)

さて、テルトゥリアヌスは洗礼の準備のことを、「パエニテンティアエ・ディシプリナ」(paenitentiae disciplina)、つまり「悔悛の規律」と呼んでいる。先に述べた通り、サタンの脅威とは、洗礼の後にも続くもの、あるいは、むしろ強まりさえするものであった。ここから、洗礼の準備とは、たんに洗礼を可能にするだけのものではなく、洗礼の後に、一生を通じて悪と戦う力を身につけるためのものでもある、という考え方が出てくる。さらに、この延長線上に、テルトゥリアヌスにおける洗礼の準備は、次のような発想へと至ることになる。それは、「もし洗礼の準備のときが、

(76) *Ibid.*, p. 80.
(77) *Ibid.*, p. 121-122. 興味深いことに、フーコーは本講義の別の箇所で、このキリスト教のサタンとデカルトの「悪霊[malin génie]」との共通性を指摘している(*Ibid.*, p. 298)。すなわち、両者ともわれわれのうちにあって、つねにわれわれを欺く可能性のある存在として措定されている、という点である。また、見方を変えるならば、デカルトは、このキリスト教のサタンの身分を「はじめて哲学的に明確化した」(*Ibid*) 存在と言うこともできる。
(78) *Ibid.*, p. 122.
(79) *Ibid.*, p. 124.
(80) *Ibid.*

ディシプリナ・パエニテンティアエ、つまり悔悛の規律であるのなら、キリスト教徒の生の全体もまた、悔悛に違いない[81]」という発想である。この、「悔悛の生とは、生の全体に他ならない」という発想こそ、フーコーがテルトゥリアヌスのなかでとりわけ注目するものである。ここにおいて悔悛は、何らかの目的のために行われるものではなく、いわばそれ自体が目的となり、また、キリスト教徒の生は、この即自的な悔悛へと捧げられることになるのである。

指導と服従の逆説的な関係

一方でフーコーは、この『生者たちの統治』講義の終盤では、四世紀から五世紀のキリスト教修道士カッシアヌスの残した著作を参照しつつ、おもに四世紀以降、キリスト教の内部において自己の実践がいかなる変化を遂げたのかについて語っている[82]。

そこでとりわけ強調されるのは、修道院における「指導［direction］」という行為の重要性である。この「指導」は、古代哲学におけるそれとは性質を大きく異にするものである。というのも、そこにおいて何よりも重視されるのは、「服従［obéissance］」という態度の醸成だからである。言い換えるならば、修道院とは、この態度を醸成するための機関に他ならない。そしてまた、この目的のための方法として用いられるのが、告白の実践である。フーコーが引用するカッシアヌスの言葉によれば、服従という結果を得るために、修道院の入門者たちは、自らの心に巣食うさまざまな考えのうち、「誤った恥じらい」によって何かを隠したりしないように教えられる[83]。彼らは、「それらの考えを年長者に対して表明すること」を強いられることになるのだ。以上よりフーコーは、キリスト教の指導が、「完全に服従すること」と「何も隠さないこと」という二つの義務から成り立っている、とまとめる。

服従することと語ること。徹底的に服従することと、自らについて徹底的に語ること。他者の意志のもとにあることと、自らの魂のあらゆる秘密を言説によってたどらせること。自らの魂の秘密が光に照らし出されることと、この照射のなかで他者への服従が全面的、徹底的、完全なものになること。ここには、この上なく根本的な装置が、主体、他者、意志、言表化のあいだのたいへん特別な関係があります[84]。

古代哲学とキリスト教の指導の性質的な違いについて、もう少し見ていこう。この点についてフーコーは、両者に特徴的な三つの性質を対照することで説明している。

まず、古代の指導の三つの性質とは、以下のようなものである。第一にそれは、「限定的かつ道具的」なものであった。そこでの服従は、明確に定められた目的のために行われるものであり、こ

(81) *Ibid.*, p. 128.
(82) フーコーは、カッシアヌスの著作について、「古代の人々がすでに定義していた哲学的な生の諸実践が、修道院機関の内部において、いかに練り上げられ変形したのかを理解するための最良の資料」と評している (*Ibid.*, p. 257)。
(83) *Ibid.*, p. 260.
(84) *Ibid.*, p. 260–261.

の意味において、服従とは、あくまでそこに至るための「道具」に過ぎなかった。次にそれは、指導者の側の何らかの「能力」や「卓越性」を前提としたものであった。それは、場合によって経験であったり、知恵であったり、神的な力であったりするが、ともかく、指導する者と指導される者とのあいだには、本性上の差異がなければならなかった。最後にそれは、あくまで「暫定的なもの」であった。すなわち、指導における最終的な目標とは、もはや指導者を必要とせず自分が自分の指導者となる、そのような段階へと至ることにあり、指導とは、そのための一ステップに過ぎなかった(85)。

これに対して、キリスト教における指導はどうであろうか。まずそれは、「暫定的なもの」ではない。というのも、先にテルトゥリアヌスに関連して見たように、キリスト教の世界では、信者は、(少なくとも現世においては)決定的に救済されることは決してないからである。そこには絶対的な不確実性が存在し、ひとは終生悪魔の脅威に、言い換えれば堕落の可能性にさらされ続ける。もちろんそれは、自らが指導者の立場になったとしても変わらない。そこでは、指導を行うことと指導を受けることを両立させることがつねに求められるのである。この意味において、指導には原理上終わりがない。ひとたび指導を受けるのを止めるや、ひとは再び堕落への途をたどり始めるからである。ここからフーコーは、キリスト教において、「服従は人生のひとつのパサージュではない」とみなす。それは、パサージュではなく、ひとつの状態、「誰もが人生の最後のときまで、そこに自らを見出すところの状態(86)」なのである。

ここからは、キリスト教における指導が、古代のそれのように「限定的かつ道具的」なものではない、ということも明白になるだろう。というのも、そこで服従は、何らかの目的を実現するために行われるというよりも、むしろそれ自体が目的となっているからである。ここに、先にテルトゥリアヌスのところで確認した悔悛の生、つまり生全体へと延長した悔悛の即自性との類似を見出すのは容易だろう。

さらに、キリスト教の指導は、古代のそれと異なり、指導者の能力に基づくものではない。フーコー＝カッシアヌスによれば、服従の関係は、指導者の有する何らかの美点によって正当化されるものではないという。それどころか、指導者がどれほど無能であったり、あるいは人格的に劣っていようとも、そうした事実が服従の義務に影響を及ぼすことは、基本的にない。フーコーは言う。「指導関係において有用なものとは、服従関係という形式そのものなのです[87]」。ここにもまた、先に見たのと同様の、「手段の目的化」とでも言うべき事態を見出すことができるだろう。

ひとが服従するのは、外部にある何らかの目的のためではありません。それは、古代の指導の場合のように、健康を回復したり、幸福な状態になったり、あるいは苦しみや悲しみを乗り越えたりするために行われるのではないのです。服従は、服従者［obéissant］になるために、つまり、

(85) *Ibid*., p. 261.
(86) *Ibid*., p. 263.
(87) *Ibid*., p. 264.

服従の状態を生み出すために行われるのです[88]。

服従とは、「他者への応答」ではなく「存在の仕方」であり、それゆえ、「服従状態とは、いわば他人とのさまざまな関係に先立つもの」であるのだ。服従が、「指導の目標であると同時に、指導が機能するための条件でもある[89]」というのは、こうした意味である。ここには、服従と指導の相互依存、あるいは循環関係を認めることができるだろう。それは、キリスト教において根本的なものとなっている。

試験と告白

さて、本講義においては、キリスト教の根本条件として、この服従以外に二つの重要な要素が挙げられている。それが「試験［examen］」と「告白［aveu］」である。「服従」（他者の言うことを聞くこと）、「試験」（自己自身を見つめること）、「告白」（自己自身を他者に語ること）。フーコーによれば、キリスト教の指導のなかでこの三つの原理は、根本的な要素として互いに結びつくことで、ひとつの「装置」を形作っているという[90]。

まずは「試験」から見ていこう。古代哲学の試験において問題となるのが、さまざまな事物の価値であり、それらの主体に対する関係であったのに対し、キリスト教の試験において問題となるのは、自己の内面であり、意識や思考である。そこで求められるのは、「諸事物の価値を認識すること」ではなく、「意識の秘密を解読すること」となる[91]。

ここから、キリスト教の試験の役割は、絶え間なく揺れ動く思考の流れをつかみ、この流れのなかをうまく切り抜けることにあるとされる[92]。またそれは、古代哲学においてそうであったように、一日の終わりに、その日を振り返りつつ回顧的に行われる試験ではなく、まさにいま考えていることの中身を吟味するための、つまり、現在の思考の流れをつかみ取り、そのうちで良きものと悪しきものとを選別するための試験である。そこで究極的に問題となるのは、現に思考を行う「私」の存在そのものなのだ。

次に「告白」について。告白は、試験に際して思考の善悪を判断する基準となるものである。要するに、「もし私が、自分の考えていることを口に出して言うことができないとすれば、それは、私の考えが良い性質ものでないということ」になる[93]。これをフーコーは、「恥の基準」と呼ぶ。すなわち、恥の感情によって口にするのが憚られることは、それ自体悪しき性質を帯びたものとして判断される、というわけである。ここでは、告白という「行為そのもの」が思考の善悪の判断基準となっている、と言うことができる。また、この告白行為においては、誰に告白するかということ

---

(88) *Ibid.*, p. 264-265.
(89) *Ibid.*, p. 265.
(90) *Ibid.*, p. 284.
(91) *Ibid.*, p. 291.
(92) *Ibid.*, p. 294.
(93) *Ibid.*, p. 299.

や、告白相手によるアドバイスなどは、善悪の判断においていかなる重要性も有さない。そこでは、あくまで告白の主体の行為、つまり「話すという事実」のみが問題となるのだ。この点は、他者の存在や他者との関係に依拠しない服従の性質とも共通するだろう。

先に見た通り、キリスト教においては、人間は終生サタンに取り憑かれたものとして構想されており、したがって問題は、いかにこのサタンの支配に（その時々において）抗するか、という点にあった。またキリスト教では、この目的は、「ディスクレティオ」（discretio）、すなわちある種の節度という「徳」によって実現される、と考えられていた。さて、フーコーによれば、「すべてを語ること」、つまり、自らの心に浮かんだことを細大漏らさず言語化する告白という行為もまた、このディスクレティオを確立するためのものと考えられるという。(94) また、サタンへの抵抗という共通点によって、「告白」の行為は「服従」の態度とつながりを持つことになるだろう。両者はいずれも、放っておけば堕落へと向かう人間の傾向性に抗するために、それ自体を目的として行われるべきものであるのだ。こうして、「自己の真理の生産」（告白）は、「自己の断念［renonciation］」（服従）と結びつくことになる。(95)

以上見てきたように、キリスト教において求められるのは、服従のための告白、言い換えれば「服従化［assujettissement］のための真理」であった。そこで真理は、主体を服従化するための力として機能していることになる。それに対し、「自己への配慮」において求められるのは、「主体化［subjectivation］のための真理」とでも言うべきものである。そこで真理は、主体の自己形成を引き起こす力として捉えられることになる。両者の違いは、主体と真理との関係様態の違いと考えることができるだろう。

(94) *Ibid.*, p. 301.
(95) *Ibid.*, p. 303.

第三部　外の美学

第五章　生と美学――パレーシアをめぐって

　ここまで、第一部においては、前期の芸術論を「外」という概念を中心として読み解き、また第二部においては、後期の権力論を同時期の主体論とのつながりという観点から読み解いてきた。ここからは、以上の考察を踏まえた上で、フーコー後期の主体論および芸術論のなかに、前期の芸術論とも通じる「外」の様態を探っていくことになる。この作業の手がかりとなるのが、フーコーが晩年のいくつかの文章や発言のなかで言及している「生存の美学［esthétique de l'existence］」という概念である。序論でも述べたように、この概念はまず、「生政治」概念と表裏一体のものとして、それに対する応答として提起されたものと考えることができる。すなわち、第二部で見た主体と権力との関係からも推察されるように、それは、「生政治」においていかなる主体の様態が可能なのかについての、フーコーによる構想として捉えることができる、ということである。

　さて、フーコー自身が示唆しているように、彼の晩年の仕事はひとまず、古代ギリシアに見られるさまざまな活動を対象とする、いわば「倫理の系譜学」として総括することが可能である(1)。したがって、この古代ギリシアの倫理のなかで追求される「本質的目標」が「美学的次元に属するものだった」[2]というフーコーの言葉にも関わらず、その「美学」という語の射程については、これまで十分に検討されてきたとは言いがたい[3]。本章では、フーコー自身の発言のなかに浮かび上がってくる「倫理的なもの」と「美的・感性的なもの」との交差地点を、「生存の美学」という概念のなかに想定することによって、彼の主体論を美学の観点から捉え直してみたい。序論でも触れたように、近年、美学の領域では倫理的な問題の存在感がますます増しつつあるが[4]、「自らの生を一個の芸術作品にする」という言葉で表されるフーコーの主体論には、まさに「倫理的なもの」と「美的・感性的なもの」とのあいだで生成する主体を、その主体化の契機を認めることができるように思われる。

以上のような見通しのもとに、次節以降では、フーコーの「生存の美学」という概念の基本的な様態について、おもに晩年の講義録を通じて見ていきたい。そこでは、この概念を構成する二つの要素、つまり生と美学が、フーコーの思想のなかでどのような意味を持ち、どのような関係を取り結ぶのかについて明らかにされるだろう。

1　「生存の美学」

フーコーは、晩年に行われたあるインタビューのなかで、今日の芸術について次のような率直な感想を語っている。

私が驚くのは、われわれの社会では、芸術がもはやものとしか関係を持たず、さまざまな個人や生と関係を持っていないということであり、また、芸術がひとつの専門化された領域、つまり芸術家という専門家たちの領域となっているということです。しかし、あらゆる個人の生が芸術作品になりえないでしょうか。なぜタブローや家は芸術品であるのに、われわれの生は違うのでしょうか[5]。

(1) Cf. «À propos de la généalogie de l'éthique», n° 344 (1984).

(2) *Ibid.*, p. 1429/71.

(3) フーコーの晩年の主体論については、たとえば以下を参照。Pierre Macherey, «Foucault : éthique et subjectivité», in *À quoi pensent les philosophes*, Paris, Autrement, 1988, p. 92-103 ; Jean-François Pradeau, «Le sujet ancien d'une éthique moderne», in *Foucault : Le courage de la vérité*, Frédéric Gros (dir.), Paris, PUF, «Débats philosophiques», 2002, p. 131-154 ; «Le sujet ancien d'une politique moderne. Sur la subjectivation et l'éthique anciennes dans les *Dits et écrits* de Michel Foucault», in *Lectures de Michel Foucault, 3 : Sur les Dits et écrits*, Pierre-François Moreau (dir.), Lyon, ENS Éditions, «Theoria», 2003, p. 35-51.

(4) 現代における美学と倫理学の接近の様態に注目した研究として、たとえば以下を参照。Richard Shusterman, *Pragmatist Aesthetics : Living Beauty, Rethinking Art*, Blackwell, 1992〔抄訳は、リチャード・シュスターマン『ポピュラー芸術の美学――プラグマティズムの立場から』秋庭史典訳、勁草書房、一九九九年〕; 山田忠彰・小田部胤久編『スタイルの詩学――倫理学と美学の交叉《キアスム》』ナカニシヤ出版、二〇〇〇年; 山田忠彰・小田部胤久編『デザインのオントロギー――倫理学と美学の交響』ナカニシヤ出版、二〇〇七年; 山田忠彰『エスト・エティカ――「デザイン・ワールド」と「存在の美学」』ナカニシヤ出版、二〇〇九年。

彼は、このような問いから出発して、古代ギリシアの「自己への配慮」[6]の体系のなかに、「生存の美学」を探っていくことになる。そこでまず語られるのは、自らの生を素材として、作品としての自己を作り上げていく生のあり方である[7]。

自己の作品化、それはどのようにして実現されるものであるのか。主要な役割を果たすのは、前章で論じた「生存の技法」である。というのもフーコーは、「生存の美学」に関わる諸実践を「生存の技法」と呼び、次のように規定しているからである。

それは、熟慮された意志的な諸実践を意味し、人々はそれを通じて、さまざまな行動の規則によって自らを定めるだけでなく、自己自身を変形し、特異な存在へと自らを変化させ、そして自らの生を、特定の美的価値を帯び特定の様式《スタイル》的な基準に対応したひとつの作品にしようと努めるのだ[8]。

さらに、前章で見たように、ここで語られる「生存の技法」、つまり、自己による自己への働きかけ、またそれを通じた自己の変形という実践は、フーコーにおいては真理という問題と密接な関係を持つことになる[9]。

フーコーは、一九八二年の『主体の解釈学』講義において、古代ギリシアにおける主体と真理との関係を次のように語っている。

主体は、それ自体では、つまり所与の状態では真理に達することができない。これは一般的な特徴であり、根本的な原理です。主体は、真理に達することを可能にするいくつかの操作を、いくつかの変形や修正を自らに対して行わない限り、真理に達することはできないのです。私は、これは根本的なテーマであると考えます(10)。

(5) «À propos de la généalogie de l'éthique», n° 344 (1984), p. 1436/81. 傍点は引用者による。

(6) 「古代の哲学において、自己への配慮は、義務であると同時に技術であると考えられていた。すなわちそれは、根本的な責務であると同時に入念に練り上げられたさまざまな手続きの総体だったのである」(«L'herméneutique du sujet», n° 323 (1982), p. 1174/189-190)。

(7) 「われわれが作らなければならない作品とは、[……]端的にわれわれの生であり、われわれ自身であるのです」(«À propos de la généalogie de l'éthique», n° 344 (1984), p. 1434/78-79)。「生存とは、人間の芸術のもっとも脆い原材料であるが、しかしそれはまた、もっとも直接的な与件でもあるのです」(*Ibid.*, p. 1448-1449/99)。

(8) *UP*, p. 18/18. それは、「自己自身の生の美しさの職人[ouvrier]として自らを構成することを目的とする自己の実践」である(«Le souci de la vérité», n° 350 (1984), p. 1490/160)。

(9) フーコーは、晩年に自らの仕事を振り返って、「私の問題はつねに[……]主体と真理との諸関係、つまり、主体がいかにしてある種の真理のゲームへと入っていくのか、という点にあった」と語り、この主体と真理のゲームとの関係という問題に比べれば、知と権力という、通常フーコーの主要問題とされるテーマでさえ、その分析のための道具に過ぎなかった、とまで述べる(«L'éthique du souci de soi comme pratique de la liberté», n° 356 (1984), p. 1536/231)。彼が、ちょうどこの時期に、古代ギリシアにおける「生存の美学」の問題を集中的に考察するようになったのも、こうした問題意識と深い関係があったことが推察される。

ここには、真理の認識と、自己への働きかけを通じた自己の変形という主題との結びつきを認めることができる。彼が晩年のインタビューで語る通り、真理への到達と自己の自己による練り上げの作業との結びつきは、「古代の思想およびその美学的思考において本質的なもの」であるのだ[11]。

あるいはフーコーは、この講義の別の箇所では、古代において重視されていた知というものが、「エートス制作的な［éthopoétique］[12]」性格を持つものであったという点に注目している。それは、エートスを、つまり生の様態を変形し、別様に作り上げるものであったのだ[13]。ここにもまた、生の様態を変化させるものとしての真理という認識を見ることができるだろう。「生存の美学」において真理が重要な問題となるのは、まさにこの真理と生との内在的・本質的な結びつきという事実によるのである[14]。

一方で、晩年の講義においてフーコーは、「パレーシア」と呼ばれる言語実践を論じるなかで、主体と真理との関係を再考していくことになる。パレーシアとは、通常「真理を語ること［véridiction］」と訳される言語行為だが、これまで見たように、フーコーが古代ギリシアにおける真理の認識と自己の実践とのあいだに密接な関係を想定していることに鑑みれば、それはたんなる言語行為に留まらず、より広く、真理と主体との、あるいは真理と生との結節点と捉えることができるものであり、さらに、その意味において、それは彼の述べる「生存の美学」にとっても重要な概念となることが推察できるだろう[15]。したがって、次節においては、この「パレーシア」概念を中心とした主体と真理との関係について、そしてそこで「生存の美学」について何が問われているのかについて、一九八四年のコレージュ・ド・フランス講義（『真理の勇気』）を取り上げる形で詳しく見ていきたい。

---

(10) *HS*, p. 182-183/223.

(11) «À propos de la généalogie de l'éthique», nº 344 (1984), p. 1449/100.

(12) *HS*, p. 227/278.

(13) 「ギリシア人のあいだには［……］たいへん興味深い語がありました。これは名詞、動詞、そして形容詞の形で出てきます。これがêthopoiein、êthopoiia、êthopoiosという表現、というより一連の表現です。êthopoieinとはすなわち、エートスをなす、エートスを作り出す、エートスを、存在の仕方を、個人の生存様態を修正する、変形するという意味です。êthopoiosであるものとは、個人の生存様態を変形する性質を持つもののことなのです［……］。私たちはこの語に、プルタルコスに見られるような意味を当てることにしましょう。つまり、エートスをなす・制作する（êthopoiein）、エートスを制作することができる（êthopoios）、エートスの制作（êthopoiia）という意味です」（*HS*, p. 227/278）。なお、フーコーの著作のなかで「エートス制作的［êthopoétique］」という語がはじめて用いられるのは、『快楽の活用』である（*UP*, p. 21/20）。

(14) こうした結びつきについては、以下も参照。Francesco Paolo Adorno, «La tâche de l'intellectuel : le modèle socratique», in *Foucault : Le courage de la vérité*, *op. cit.*, p. 35-59.

(15) フーコーにおける「美的な経験」と「倫理的な経験」との結節点をパレーシアのなかに見出そうとする議論としては、以下を参照。Jorge Dávila, «Etique de la parole et jeu de la vérité», in *Foucault et la philosophie antique*, Frédéric Gros et Carlos Lévy (dir.), Paris, Éditions Kimé, «Philosophie en cours», 2003, p. 195-208.

2　真理と生

フーコーは、晩年の講義のなかで継続的にパレーシアに言及しているが[16]、ここで『真理の勇気』と題された八四年の講義を取り上げるのは、いかなる理由からであろうか。それは、このパレーシアという概念が、とりわけ「生存の美学」との関わりのなかで語られているのが、本講義に他ならないからである。

前章でも触れたように、フーコーは、前年の講義（『自己と他者の統治』）の後半から、とくにプラトンの諸著作を集中的に検討しつつパレーシアについての考察を進めているが、この年の講義においては、中盤以降『ラケス』を取り上げ、パレーシア、つまり「真＝言［dire-vrai］[17]」と生との関係を考察していく。『ラケス』においてソクラテスは、対話者に「自己自身を説明すること[18]」を求めるのだが、そこで説明されるべきもの、つまりソクラテスのパレーシアの対象となっているものこそ、「生の様態［mode de vie／manière dont on vit］」である。そこでの真＝言の役割は、生にある形を与えることに存するとされる[19]。さらにフーコーは、ラケスの言葉を引きつつ、そこでこの言説の真正性を保証するものが、言説とそれを発する人間の生の調和とされていることを示す[20]。こうして「自己の説明」は、生の様態の水準における「自己の創設」として実現することになる。ここには、「自己の説明」がビオス（bios）へと、さらには、われわれがこの生を御する仕方へと至る様子を見ることができるだろう。

ここでフーコーは、自らのねらいについて次のように語っている。

私が［……］示そうとしたのは、ソクラテス的なパレーシアの出現と確立によって、いかにして生存（ビオス）が、ギリシアの思想のなかで美的な対象として、練り上げと美的な知覚の対象——つまり美的な作品としてのビオス——として構成されたか、ということなのです[21]。

（16） パレーシアについてまとまった分析が見られるのは、一九八二年三月一〇日の講義（『主体の解釈学』）からである。晩年の講義におけるパレーシア論の概説は以下を参照。Frédéric Gros, «La *parrhêsia* chez Foucault (1982-1984)», in *Foucault : Le courage de la vérité, op. cit.*, p. 155-166.

（17） CV, p. 113/153.

（18） *Ibid.*, p. 134/181. これは、「自己自身とロゴス（正しさ［raison］）とのあいだにいかなる関係があるか示すこと」を、つまり「自己自身のロゴス（正しさ）を与えること」を意味する。

（19） 「この自己説明の言説は、人々が自らの生に与えるべき可視的な形象を定義しなければならないのです」（*Ibid.*, p. 148/202）。

（20） 当該のラケスの言葉は以下の通り。「もし誰かが徳について、あるいは何かの知恵について、人と話をしているのを聞くときに、その人がほんとうに一個の男子であり、彼の話していることに値する人であれば、話している人と話されていることが、互いにぴったり調和しているのを見て、ひじょうにうれしいのです。［……］ところでソクラテスはというと、私は彼の話（言葉）のほうを経験したことはありませんが、さきに行為のほうを経験したようです。そして、行為のほうで私が知った彼は、どんな美しい言葉（話）をどんなに遠慮なく言っても、それにふさわしい人でした」（プラトン『ラケス』188C-189A. 邦訳は以下を使用。「ラケス」生島幹三訳『プラトン全集七』、岩波書店、一九七五年所収）。

フーコーがソクラテスのパレーシアに注目するのは、そこに「生存の技法と真の言説、美しい存在と真の生――真理における生、真理のための生――との関係」[22]が示されているからである。彼はソクラテスのなかに、「真＝言の要求と生存の美の原理とが、自己への配慮のなかで結びつく瞬間／契機［moment］」[23]を見出そうとしているのである。その意味で、フーコーにとってソクラテスのパレーシアとは、「真の生」と「美しい生」の両者を、いわばその未分化な状態で見ることができるようなものとしてあった、と言えるだろう。

さて、フーコーは続いて、この「真＝言」と生の様態との連関というテーマをめぐって、キュニコス派の実践を取り上げることになる。なぜキュニコス派なのか。その理由として彼は、そこでこの連関が非常にラディカルな形で実現されていることを挙げる。

ソクラテスと同様に、キュニコス派においても、その真＝言を担保するのは生の様態である。しかし、彼らの生の様態は、ソクラテスにおけるような美徳をつねとするものではなく、より破格なものとなっている。たとえば、ストア派の哲学者であったエピクテトスは、キュニコス派の役割とは、斥候（katapkopos）、つまり戦場における偵察者の機能を果たすことにある、と述べている。言うなれば、キュニコス派とは、「人間性」の前線を越えて駆け回り、その彼岸を観察した後に戻ってきて、そこで知った真理を、恐れることなく人々に告げる者たちのことなのだ。

こうした生の様態は、彼らの哲学実践の一部をなすものであったのだが、いまの例からも窺われる通り、その真＝言との関係は、たんに調和的であるというのに留まらず、必然的に一定の緊張を孕んだものとなるだろう。フーコーはここで、真＝言に対する生の様態の機能を三つ挙げている。

ひとつ目は、「道具的機能［fonction instrumentale］」である。すなわち、こうした生の様態は、真＝言に対する「可能性の条件」としての役割を果たしているのである。たとえば、もしエピクテトスの述べるような「人間性の前線を越える斥候」になろうとすれば、ひとは人間的なあらゆる執着から自由でなければならないだろう。

また、二つ目は「縮減の機能［fonction de réduction］」である。すなわちそれは、合理的な根拠なく人々に受け入れられている、役に立たない義務や慣習、そうした真理の出現を妨げるものを縮減することになるのである。

そして、最後に挙げられるのが、「試験の機能［fonction d'épreuve］」である。それは、必要最低限のものからなる生のなかで、人間の生の基礎とは何かを、つまり生の本質を示すのに役立つのである。フーコーはそれを、「生の生そのものへの還元」と呼んでいる。[24]

フーコーは、以上の生の様態の機能を次のようにまとめている。

それは、生存の形式を真＝言の本質的な条件にし、また、真＝言の余地を作る縮減の実践にし、

（21） CV, p. 149/203. また彼は、次のようにも述べている。「この生存の美学は、魂の形而上学のためにも、ものや言葉の美学のためにも忘れるべきではない、歴史的に本質的な対象なのです」（*Ibid.*, p. 150/203）。
（22） *Ibid.*, p. 150/204.
（23） *Ibid.*, p. 151/205.
（24） *Ibid.*, p. 159/216.

最後に――振る舞いにおいて、身体において、装い方において、行動の仕方や生き方において――真理そのものを可視化する方法にするのです。要するにキュニコス派は、生を、存在を、ビオスを、アレチュルジーと、つまり真理の表明と呼ばれるものにするのです。[25]

このように、キュニコス派的な生は、一見ソクラテス的な美徳とは正反対にも思われるような形をとる。しかし両者は、真理と生との結びつきという点においては、やはり共通しているのである。ここでフーコーは、キュニコス派的な生に、真理のより直接的で急進的な現れを見ている、と言うことができるだろう。[26] このことは、彼がキュニコス派的な生に関して用いる「真理のスキャンダル［scandale de la vérité］」という表現にも示されている。フーコーは、キュニコス派的な「真理の現れとしての生」の、つまりその「真の生［vrai vie］」[27]の本質を、「生のなかで、生によって真理のスキャンダルを行うこと」[28]のなかに見て取っているのである。

3 「真の生」と芸術

さて、フーコーによれば、キュニコス主義、この真理のスキャンダルとしての生の様態は、古代に限られるものではなく、西洋史を通じて存在し続けた、いわば「超歴史的な」形象であるという。彼は、生のキュニコス派的な様態を引き継ぐ後継者たちについて、おもに三つに分けて論じている。

そこでフーコーが挙げるのが、まず宗教的な運動（キリスト教の禁欲主義［ascétisme］）と、それから政治的な実践（生存のスタイルとしての革命）という二つの媒体である。そして、中世の宗教運動と一九世紀以降の政治実践というキュニコス派の二つの流れについて論じた後で、真理のスキャンダルとしての生の様態というテーマを引き継ぐ、三つ目の大きな媒体としてフーコーが提示するのが、芸術、なかでも近代の芸術である。

もちろん、古代にも中世にもキュニコス派的な芸術は存在していたことは認めながらも、ここでフーコーがとりわけ近代芸術に注目するのは、そこにキュニコス派的な生の媒体、つまり生と真理を結びつける原理の媒体としての顕著な特徴が認められるからである。フーコーはその特徴を、おもに二点挙げている。

それはまず、一八世紀末から一九世紀にかけての「芸術家の生」という概念の出現に関わる。この「芸術家の生」という概念は、たとえばジョルジョ・ヴァザーリの『芸術家列伝』やベンヴェヌート・チェッリーニの『自伝』に見られるような、たんに「普通の人々とは異なる特異な生を送る芸術家」という考えとは異なるものである。それは、芸術家の生が、それがとる形態において、

(25) *Ibid.*
(26) 「真理の、直接的で、輝かしく、荒々しい現前としての生、それこそキュニコス主義のなかで表明されているものなのです」（*Ibid.*, p. 160/218）。
(27) *Ibid.*, p. 161/218.
(28) *Ibid.*, p. 161/219.

「真理における芸術」とは何かをあかし立てるものとなる、という考え方である。フーコーはそれを、次のような表現で言い表している。

芸術家の生が、自らの作品を作るのに十分なほど特異だというだけでなく、彼の生が、いわば真理の状態にある芸術そのものの表明なのです(29)。

この「芸術家の生」というテーマは二つの原理に依拠している。第一に、芸術は存在に、他のものと異なるある特異な形態、つまり真の生という形態を与えることができるという原理であり、第二に、この真の生の形態を与えられた存在は、今度は、自らのなかに根ざし、自らより発するあらゆる作品が、芸術の系譜および領域に属することを担保するようになるという原理である。フーコーによれば、この芸術作品の条件、芸術作品の真正さのあかしとしての芸術家の生という考え方こそ、真理のスキャンダルとしての生というキュニコス派の原理を引き継ぐものであるという。

また、フーコーによれば、近代における芸術がキュニコス派の媒体であるというのには、もうひとつ理由がある。近代において芸術は、その表現を介して、存在の要素的な還元、つまりその「裸形化［mise à nu］」とでも言えるような次元へと急激に接近していくことになる。ここには、先にフーコーが述べたキュニコス派の生の様態、その「生の生そのものへの還元」という言葉に端的に表されているような、生のミニマルな本質への志向と相通ずるものを見ることができるだろう。そして、一九世紀になってこうした傾向をより強めていくことになる芸術は、それまで表現されえなかった、いわば「表現の権利」を持たなかった「低次のもの」の侵入の場ともなっていく。フーコーは、近代以降の芸術に、とりわけこうした性質を認め、それを「存在の裸形化された要素の侵入の場としての芸術」と呼ぶ(30)。

この「存在の裸形化された要素の侵入の場としての芸術」は、既成の文化や社会規範といったものに対して異議申し立て的な機能も果たすことになる。芸術のなかには、先行する行為から導き出された規則が、後続の行為によって批判的検討にさらされるような運動があり、その意味において芸術には、あらゆる既成の文化や規範に対する永続的なキュニコス主義を認めることができるのである。

そしてフーコーは、こうした性質をもつ近代芸術を「文化におけるキュニコス主義」と呼ぶ(31)。それは、いわゆる「文化的なコンセンサス」に対して、そこに還元されない真理を対置するような真＝言の形なのだ。こうしてフーコーは、近代芸術のなかに、真理の表明と結びついた生の様態としてのキュニコス主義の歴史を認めるのである。

---

(29) *Ibid.*, p. 173/236.
(30) *Ibid.*, p. 174/237.
(31) *Ibid.*, p. 174/238.

4　個別的かつ全体的な変化

さて、すでに論じたように、キュニコス派の実践の核心は、真理との関係において自己の生を配慮する、つまり「自己への配慮」を行うことにあったわけだが、ここでフーコーがもうひとつ注目するのは、キュニコス派の配慮が、このように自己へと、自己自身の生へと向けられるだけのものではない、ということである。すなわちそれは、同時に他者の生へと、その真理との関係へも向けられることになるのだ。さらに、ここで注意しなければならないのは、このような「他者への配慮」が、他者の個別的な事情に向けられているというよりも、より広い観点から行われている、ということである。フーコーはそれを次のように説明している。

他者に配慮することによって、実際のところキュニコス派は、その他者たちのうちで、人類一般に属するようなものを配慮しているのです。したがって［……］、彼らが同時に自分自身にも配慮するのは、彼らもまた、その人類に属するものだからなのです[32]。

要するに、キュニコス派が配慮するのは、それぞれの他者の個別的な生というよりも、彼自身もその一部であるところの「人間性全体［humanité tout entière］」[33]であるというのだ。そしてフーコーによれば、このような形で、他者への配慮は自己への配慮とまさしく一致することになる[34]。

ところで、先に論じたように、自己への配慮は、自己への働きかけを通じて、自己自身を変形することを目的とする「エートス制作的な［éthopoétique］」性格を帯びたものであった。つまりそこでは、ある「変化」が目的とされていたのである。さて、この「変化」という観点から見た場合、ここで見出される自己への配慮であると同時に他者への配慮でもあるような行為、いわば「人間性全体」への配慮が目的とする変化は、より広い意味を持つことになる。すなわちそれは、まず個別的な生の変化を引き起こすのだが、それに留まらず、さらに「世界の一般的な形状［configuration］における変化」[35]へも至るようなものなのだ。

整理しよう。まずキュニコス派は、諸個人の生について、「真の生［vrai vie］」たる「他なる生［vie autre］」への変化を目指す。[36]キュニコス派には、「真の生」とは「通常の生［vie ordinaire］」とは別のもの［autre］であるという原理が共有されている。[37]ここには、前章から言及してきた、真理への到達と主体の変化との結びつきという、古代哲学の基本的なテーマを見て取ることができるだろう。

(32) *Ibid*., p. 286/394.
(33) *Ibid*., p. 287/395.
(34) *Ibid*.
(35) *Ibid*.
(36) *Ibid*., p. 287/396.
(37) *Ibid*., p. 288/396.

こうしてキュニコス派は、個別的な生について、その変化を目指すのだが、先にも見たように、この変化への意志はたんに諸個人に向けられるのに留まるものではなく、いわば「全人間」へと向けられたものであり、その意味で、最終的には「世界全体の変化」にまで至ることになる、とフーコーは考える[38]。

そして彼は、キュニコス派の生を特徴づける真理の実践の最終的な目的は、個と全体とを同時に変形することに存すると結論づけ、次のように述べる。

世界がその真理と合一すること［rejoindre］ができるのは、つまり、変形を行い他なるものになり、真理の状態にあるものと合一することができるのは、［個別的な生の］ある変化、ある完全な変質［altération］、つまり、自己への関係における変化および完全な変質と引き換えにのみです。そして、この自己の自己への回帰のなかにこそ、この自己への配慮のなかにこそ、キュニコス派が約束する他なる世界［monde autre］への移行の原理があるのです[39]。

5 「生存の美学」の射程

5-1 「生存の美学」の概要

さてここまで、フーコー晩年のパレーシアに関する講義を中心として、「生存の美学」について真理との関わりから見てきた。これまでの議論をまとめると次のようになる。

フーコーが古代の哲学に見出した「生存の美学」、この概念によって示されるのはまず、自己をひとつの作品として作り上げていくような生のあり方である。それは、自己への働きかけによる自己自身の変形、いわば「自己のポイエーシス」へと向かう生である。しかし、前節で論じたように、そこには自己の実践のみに留まらない、より大きな対象への働きかけを通じた変化も含意されていた。それは、自他の区別を超えたところにある変化であり、「世界の一般的な形状における変化」と彼が表現するところのものである。そして、これらの変化のために要請されるのが、真理という契機であった。すなわち、そこで生の変容が求められるのは、真理への到達という目的のためであるのだ。ここには、生と真理との関係をめぐってなされる、ある美学的な実践を認めることができる[40]。実際フーコーは、晩年のあるインタビューのなかで、真理を知ることによる自己の変形を、「美学主義〔esthétisme〕の一形態」と呼んでいる[41]。

この、自己自身の知による自己の変形は、美的経験に極めて近いものだと思います。自らの絵によって変形を被らないとしたら、どうして画家は仕事をするでしょうか[42]。

(38) 「これ〔全人間の生の変化〕によって、まったく別のもうひとつの世界が出現するのであり、ともかく地平に現れるのであり、それこそがこのキュニコス派の実践の目標となるものなのです」(*Ibid.*, p. 288/397)。

(39) *Ibid.*, p. 289/398.

また、そこで確認された「世界の一般的な形状における変化」という論点からは、冒頭でも触れたように、フーコーの「生存の美学」が、彼が七〇年代後半から繰り広げてきた統治性や生政治についての議論の延長線上に位置づけられ、そこからある必然性を持って展開してきたことがわかるだろう。たとえば、第三章で詳しく見たように、フーコーはこの時期の著書、論考、対談、講義において、ユダヤ・キリスト教の司牧権力から近代国家の権力にまで至る政治的合理性のなかに、「個別的かつ全体的」な統治の原理を探る仕事を続けていた。そして、前章で見たように、これらの考察は、同時期の主体論では、今度は古代ギリシアの自己の実践を対象として、この統治への抵抗を探る形で展開されることになる。

この意味で、フーコーにとって、「自己の統治」としての「生存の美学」の問題は、あくまでこうした「個別的かつ全体的」な統治の問題、とりわけ生政治の問題との密接なつながりのなかで練り上げられてきたものなのだ。この点からは、「生存の美学」に象徴される彼の晩年の主体論が、たとえばその「作品としての生」という言葉から連想されるような、「個としての自己」への回帰とは根本的に異質な、より広い射程を備えたものだということが推察できるだろう。[43] 実際ドゥルーズが、フーコーにおける「自己」を「さまざまなグループおよび個人に関わる個体化のプロセス」[44]と規定し、このプロセスが「諸力の固着的な関係からも、出来合いの知からも逃れる」ものであることを指摘するのは、以上の事情を踏まえてのことに違いない。

一方でフーコーは、芸術についても、この生と真理との連関に引きつける形で語っていた。そこでは、芸術を通じて生が真理とつながる、つまり「真の生」となり、また、この真の生が、今度は

（40）フーコーによる「生存の美学」の考察について、本章ではキュニコス派の実践への言及をおもに取り上げたが、フーコーの議論自体の射程は、もちろんそれに限られるものではない。彼は、そこに見られる「生の変容」のテーマを、ソクラテス・プラトンをはじめとして、ストア派やエピクロス派といった古代の哲学に共通のものとして認識していた。その意味でこのテーマは、フーコーにとって哲学の本質を示しているとさえ言えるかもしれない。実際彼は、哲学とは「自己自身による、そして他者による主体の変形のうちに、自らが働きかける対象を見出すようなひとつの実践」（*GSA*, p. 326/436）であり、「自己への関係が場合によって変形しうるような、さまざまな形態を規定すべき」（*GSA*, p. 326/437）ものである、と語っている。

（41）«Une interview de Michel Foucault par Stephen Riggins», n° 336 （1983）, p. 1354/438.

（42）*Ibid.*, p. 1355/439-440.

（43）この点については、たとえば、古代哲学が専門の哲学者・哲学史家であり、コレージュ・ド・フランスの同僚として晩年のフーコーの思想形成にも大きな影響を与えたピエール・アドによる「生存の美学」への批判を参照。Pierre Hadot, «Réflexions sur la notion de "culture de soi"», in *Michel Foucault philosophe* （Actes de la rencontre internationale de Paris, 9-11 janvier 1988）, Paris, Le Seuil, «Des Travaux», 1989, p. 261-268, repris dans Pierre Hadot, *Exercices spirituels et philosophie antique* （Nouvelle édition revue et augmentée）, Paris, Albin Michel, «L'Évolution de l'Humanité», 2002, p. 323-332. なお、哲学における生の実在性を、フーコーとアド（さらにはスタンリー・カヴェル）に共通する問題として検討した論考に以下がある。Danielle Lorenzini, «La vie comme «réel» de la philosophie. Cavell, Foucault, Hadot et les techniques de l'ordinaire», in *La voix et la vertu. Variétés du perfectionnisme moral*, Sandra Laugier （dir.）, Paris, PUF, «Éthique et philosophie morale», 2010, p. 469-487.

（44）Gilles Deleuze, «Qu'est-ce qu'un dispositif ?», in *Deux régimes des fous. Textes et entretiens 1975-1995*, Paris, Éditions de Minuit, «Paradoxe», 2003, p. 318〔ジル・ドゥルーズ「装置とは何か」財津理訳『狂人の二つの体制』、河出書房新社、二〇〇四年所収、二三三頁〕.

芸術の真正性を担保するようになるという、いわば芸術と真の生との循環的な構造について言及されていた。さらにそこでは、真の生の媒体としての芸術と社会との関係について、規範の再活性化という観点から語られてもいた。すなわち、真の生の表現たる芸術は、現実を他のものへと変換する力によって、文化および規範の固着化を防ぎ、それを永続的に再活性化する効果を持つのである。

5-2 「われわれ自身の歴史的存在論」としての自己のポイエーシス

さて、以上を踏まえた上で本章で参照したいのは、「啓蒙とは何か」と題された最晩年の論文である。というのも、そこでフーコーは、啓蒙をめぐるカントの議論を出発点として、自己のポイエーシスを、「われわれ自身の歴史的存在論［l'ontologie historique］」と規定しているからである。(45) この規定は、いったい何を示唆するのだろうか。それは、フーコー晩年の主体論を、さらに広い文脈へと位置づける手がかりとでも言うべきものである。すなわちそこからは、彼の議論において問題となっているのが、たんなる抽象的な形態としての主体ではなく、時間性というものが重要な意味を持つ、いわば歴史的な主体に他ならない、ということが窺われるのである。

ポイントとなるのは、「現在」という時制であり、また、この「現在」への関わり方としての「現代性の態度」と呼ばれるものである。というのも、フーコーはそこで、自己への働きかけを通じて問題となるのは、「現在とは何か」、そして「現在に生きるわれわれとは何か」という問いだと述べているからである。また、フーコーによれば、「現代性［modernité］」という語は、「歴史の一時期」を指すというよりもむしろ、「ひとつの態度」を意味するという。[46] すなわちそれは、「現在性［actualité］に対する関わり方の様態」であり、「考え方や感じ方、また振る舞いや行動の仕方」であり、要するにひとつの「エートス」とでも言うべきものだというのである。

どういうことか、より詳しく見ていこう。ここでフーコーは、一九世紀における現代性の意識のもっとも先鋭的な体現者であったボードレールを例として、この「現代性の態度」の複雑な様態を特徴づけている。

フーコーによれば、ボードレールにとっての「現代性」とはまず、時間の流れを追うだけの「流行《モード》」とは区別される。[47] 反対にそれは、「現在の瞬間のうちに「英雄的」なものをつかみ取ることを可能にする態度」なのだ。しかしながら、この現在の「英雄化」とは、たんに過ぎ去る瞬間をそのまま維持するために、それを神聖化することとは異なる。「現代性の態度」にとっては、「現在」の持つ高い価値は、「現在」をいまとは異なった形で想像し、それを変形しようとする熱情と切り離せないのだ。

ボードレール的な現代性とは、現実的なものに対する極度の注意が、この現実的なものを尊重す

(45) «What is Enlightenment ?» (« Qu'est-ce que les Lumières ?»), n° 339 (1984), p. 1393/19.
(46) *Ibid.*, p. 1387/12.
(47) *Ibid.*, p. 1388/12.

ると同時に侵犯するような自由の実践と直面する、そのような修練なのだ[48]。

ここから明らかになるのは、現在を絶えず変形することによってこそ現在の英雄化が成し遂げられるという、「現代性の態度」に見られる、ある種アンビヴァレントな性質である。一方で、ここでフーコーが注意を促すのは、ボードレールにとっての現代性が、「現在」という「とき」に対する関係ということに留まらず、そこに生きる自己自身への関係をも内包するものだという点である。ここから、現代的であるとは、いまあるがままの自己を受け入れることではなく、自己を複雑で困難な練り上げの対象とみなすことに他ならない、というテーゼが導出される。「現代的な人間」とは、「自己を自ら創出しようとする人間」のことなのだ[49]。こうして、「現在」という時制に対する関わり方は、「現在の自己」に対する関わり方として焦点化されることになる。

「現在の英雄化」、「自由との戯れによる現実的なものの変形」、「自己の練り上げ」。フーコーによれば、以上がボードレール的な「現代性の態度」の構成要素である[50]。フーコーは、その根底に、「ひとつの態度の、つまりひとつの哲学的エートスの恒常的な再活性化」を見出し、それを「われわれの歴史的存在の恒常的な批判」と呼ぶ[51]。それは、「われわれ自身の歴史的存在論を通じた、われわれが語ること、考えること、行うことの批判[52]」なのだ。要するに、われわれが真に「現代的」であるためには、われわれが、「現在（のわれわれ）」を絶えず批判し、それを作り変えていく必要があるのであり、またそれこそが、「現在（のわれわれ）の英雄化」に他ならない、というわけである。自己のポイエーシスが、同時にひとつの歴史的存在論ともなるというのは、この意味においてある。

である。

5-3　現在性の問題化としての哲学

この批判的創造の営為はまた、同時期の講義では、「現在性の問題化［problématisation］としての哲学[53]」と言い換えられてもいる。そこで哲学者は、自らがそこに属し、それとの関係で自らを位置づけるところの現在性に問いかけることになるのだ。

フーコーによれば、「問題化」とは、「政治に対して問題を提起するように思われる、さまざまな事実、実践、思考からなる領域の練り上げ[54]」であり、また、このようにして問いを練り上げることによって実現すべきことは、「「われわれ」の将来的な形成」であるという。ここには、第三章第五

（48）*Ibid.*, p. 1389/14.
（49）*Ibid.*, p. 1390/15.
（50）ここで注目されるのは、ボードレールが、これらの事柄が起こる場を「芸術」のなかに想定していた、という指摘である。
（51）«What is Enlightenment ?»（«Qu'est-ce que les Lumières ?»), n° 339（1984), p. 1390/16.
（52）*Ibid.*, p. 1392/19.
（53）«Qu'est-ce que les Lumières?», n° 351（1984), p. 1499-1500/174. フーコーにおける「問題化」の概念については、以下に詳しい。Mathieu Potte-Bonneville, *Michel Foucault, l'inquiétude de l'histoire*, Paris, PUF, «Quadrige Essais Débats», 2004, p. 239-281.
（54）«Polémique, politique et problématisations», n° 342（1984), p. 1412/47.

節末尾で見たような、政治と倫理の結びつき――そこでは、倫理的な練成が、同時に政治的な練成へとつながっていた――を認めることができるだろう。

また、その際、現在への問いかけが未来を形成するという、時間的な視点が導入されていることも注目される。フーコーは言う。

「われわれ」は、問いに先行するものとは思われません。それは、新たな語のなかで提起される問いの結果――必然的に暫定的な結果――に他ならないのです。(55)

すなわち、現在の「われわれ」へと問いかけることが未来の「われわれ」を形成することにつながるわけであるが、この未来の「われわれ」もまた、決して確定的なものではなく、さらに未来の「われわれ」の形成に資するための「暫定的な結果」に過ぎない、というわけである。ここには、「現在（のわれわれ）」を絶えず変形することによってこそ「現在（のわれわれ）の英雄化」が成し遂げられるという「現代性の態度」と通じるものを見て取ることができるだろう。

以上見てきたように、フーコーの主体論は、その歴史論と不可分なつながりを持つ。現在のわれわれは、過去のわれわれが発した問いの結果であると同時に、未来のわれわれを生み出すよすがともなる。この、時間的な連鎖として主体を捉える視点、主体の生成への時間性の導入は、フーコーの主体論が、時間から切り離された普遍的な主体ではなく、それと一体になった歴史的な主体を扱うものだということを示している。「生存の美学」において作り上げられる主体もまた、このようなものとして理解されるべきだろう。

6　パレーシアとしての芸術

6-1　芸術を介した生の変容

ところでフーコーは、「生存の美学」についての考察のなかで、生における真理の現前を、さまざまな日常的行為のなかに探っていくのだが、そのなかには、当然芸術の制作行為も含まれる。ここで、この芸術の制作行為を通じた自己の変容を、先に確認した「世界の一般的な形状における変化」という着想と併せて考えるならば、それは、芸術をめぐるコミュニケーションという側面からも捉え直すことができるのではないだろうか。すなわちそこからは、芸術を作り出す者の生の変容と同時に、それに触れる者の変容を、言い換えれば、芸術を介した両者の生の変容の可能性を窺うことができる、ということである。そしてその意味では、フーコーの語る「生存の美学」から出発して、生のポイエーシスのみならず、こうした、芸術、あるいはより広く「美的・感性的なもの」を通じた相互関係からなる変容の総体についても考えることは可能なのではないだろうか[56]。

実際、その晩年の芸術論のなかには、制作者のみならず、受容者の側の「芸術と生の結びつき」への言及も見られるが、それはこうした見方を後押しするだろう。たとえばフーコーは、ピエー

(55)　*Ibid.*, p. 1413/48.

ル・ブーレーズとの対談で、いわゆる「アカデミックな」音楽とは異なる、ロック・ミュージックの可能性について語るのだが、そこで彼がとりわけ注目するのは、この音楽とわれわれの生との深い結びつきである。それは、すでに多くの人々の生活の一部となっており、ロックを愛好すること、さらにはどんなジャンルのロックを愛好するかということは、ひとつの「生き方」の問題、また「抵抗」の仕方になっているという。フーコーは、ロックが、それ自体としては「貧しい」音楽であることを認めつつも、それを通じて聴衆が自己を明示するものである限りにおいて、それが「趣味と態度のひとつの総体」でありうる、という点を強調するのである[57]。

6-2 フーコーとガタリ

なお、フーコーの「生存の美学」を、その後独自に引き継いだ存在として、フェリックス・ガタリの名を挙げることができる（ただし、ガタリ自身はフーコーへの参照を明示しているわけではない[58]）。それは、どのような点においてだろうか。

まず注目されるのは、ガタリが、自らの職場でもあったラ・ボルド精神病院を「集合的主体化[subjectivaion collective]」の場と位置づけていることである[59]。ガタリによれば、そこで問題となるのは、患者の主体性のたんなる再モデル化——つまり、精神的な危機を経験する以前のそれの再建——ではなく、その「独特の（sui generis）生産」である。

ガタリは、そこで行われる「主体化」のプロセスを、次のように説明している。すなわちそれは、「個人＝集団＝機械＝多様な交換」を通じて、「主体性の複合体」を作り上げることであり、この複合体は、各人に、「実存的な身体性を再構成し、〔……〕自らを再特異化するためのさまざまな可能性(60)」を与えてくれる。またそれは、主体性のなかの「すでにあった」次元ではなく、ひとつの創造から出発して進行するものであり、その意味において、ある種の「美的パラダイム〔paradigme esthétique〕」に属するものである。ガタリは言う。

ひとは、造形芸術家がパレットを自由に使って新たな形を創造するのと同様に、主体化の新たな様態を創造するのだ(61)。

---

(56) この点については、序論で触れたシュスターマンやフォルミの他に、「関係性の美学」で知られるニコラ・ブリオーなども参照のこと。Nicolas Bourriaud, *Esthétique relationnelle* [1998], Dijon, Presses du réel, 2001 ; *Formes de vie. L'art moderne et l'invention de soi* [1999], Paris, Éditions Denoël, 2009.

(57) «Michel Foucault / Pierre Boulez. La musique contemporaine et le public», n° 333 (1983), p. 1309/378.

(58) ガタリにおける主体化と「美的パラダイム」との関係については、以下を参照。Nicolas Bourriaud, *Esthétique relationnelle, op. cit.*, p. 90-108 ; Maurizio Lazzarato, *Expérimentations politiques*, Paris, Éditions Amsterdam, 2009, p. 186-197.

(59) Félix Guattari, *Chaosmose*, Paris, Galilée, «Les Cahiers de l'Herne», 1992, p. 18〔フェリックス・ガタリ『カオスモーズ』宮林寛・小沢秋広訳、河出書房新社、二〇〇四年、一五頁〕.

(60) *Ibid.*, p. 19〔同書、一六頁〕.

(61) *Ibid*〔同上〕.

こうしてガタリは、「実存の領域」が「美的な秩序を備えた自律性の次元」に関わるものであることを指摘すると同時に、主体性を「プロセス的な創造の次元」で捉えることの必要性を訴えることになる[62]。

また、ガタリにとっての「芸術」とは、いわゆる芸術家の活動に限られるものではなく、「主体の創造性の全体」が関わるものであるとされる[63]。すなわち、彼の言う「美的パラダイム」において参照されるのは、「制度化された芸術」や、「社会領野のなかで明示される作品」ではなく、「その手前で永遠に生まれつつある創造の次元、出現の力」なのだ[64]。この前提に立った上で、彼は次のように述べる。

私がひとつの作品を「成し遂げる」とき、［……］私が行うのは、複雑な存在論的結晶化であり、現存在の他化［altérification］である。私は、存在に別様にあるように命じ、存在から新たな強度を引き出すのだ[65]。

こうして、「芸術による地図作成法［cartographie artistique］[66]」は、個別的・集合的な主体性の結晶化にとって、重要な賭け金となるだろう。それは、芸術の作り手と受け手の双方の主体性を改変し、主体を自身の再創造・再発明へと向かわせるものである。相互に直接的な参照があったわけではないフーコーとガタリだが、以上のようなガタリの議論は、本章で見てきたフーコーの議論と、相当程度共振的なものと言える[67]。

さて、フーコーは晩年の主体論において、真理と生とのあいだの深い結びつきに着目し、芸術をこの結びつきの表現として、あるいは蝶番として論じた。ところで、フーコーの語るパレーシアは、第一義的には真=言という言語行為を指していたが、それがより広くは、この真理と生との結びつきの具現化であったことに鑑みれば、芸術もまた一種のパレーシアと考えることができるだろう(68)。そして、以上を踏まえた上でフーコーにおける「美学」の意味へと立ち戻るならば、こうした

(62) *Ibid.*, p. 27〔同書、二五頁〕.
(63) *Ibid.*, p. 127〔同書、一四五頁〕.
(64) *Ibid.*, p. 142〔同書、一六三頁〕.
(65) *Ibid.*, p. 134〔同書、一五三―一五四頁〕.
(66) *Ibid.*, p. 180〔同書、二〇六頁〕.
(67) なお、フーコーとガタリの権力観の近似性については、以下に詳しい。多賀茂「新たな戦い――フーコーとガタリ」『医療環境を変える――「制度を使った精神療法」の実践と思想』、京都大学学術出版会、二〇〇八年所収。
(68) この「パレーシアとしての芸術」という観点からは、たとえばポーランド出身の作家、クシシュトフ・ヴォディチコ［Krzysztof Wodiczko］の活動が注目される。というのも、ヴォディチコ自身が自らの芸術活動について語る際に参照するのが、まさにフーコーの「パレーシア」だからである。ヴォディチコは、現代社会の抱える諸問題を、そこでトラウマを負った人々に焦点を当てることで浮かび上がらせようとする際に、彼らの発言を「パレーシア」とみなす。ここで重要になってくるのが、このトラウマ的な経験により声を失った人々が声を取り戻して、再び語り始めることができるようになるプロセスであり、また彼によれば、そこにこそアーティストが介入する余地があるという。以下のインタビューを参照。Patricia C. Phillips, "Creating Democracy: A Dialogue with Krzysztof Wodiczko," *Art Journal*, vol. 62, no. 4, winter 2003, p. 32-49.

パレーシアとしての芸術をめぐって繰り広げられるさまざまな生の関係性そのものを、ひとつの美学と位置づけることができるのではないだろうか。そこで芸術は、生における真理の現前を通じて、つねにさまざまな関係性をずらすことになり、さらにはそれが、いまある現実を変える力ともなっていくだろう。

第六章　生を書き留めること／生を書き換えること

――エクリチュールと真理

「生存の美学」を語るようになった晩年のフーコーに関しては、これまでいくつかの批判がなされてきた。つまり、そこで示されるフーコーの主体像は、たとえば通俗的な意味でのダンディズムとみなされることがあり、さらにはサルトル的な実存主義と同一視される場合さえあったのだ。しかしながら、フーコー自身は、晩年のインタビューにおいても、自らの思想とサルトルの哲学との違いを「主体」に対する立場の違いとして説明している。すなわち、サルトルにおいて主体は、もろもろの意味を付与する存在であり、「唯一可能な実存形式」であるのに対し、自らの問いとは次のようなものである、と。それは、「主体がもはや、その構成的な諸関係において、自己への同一性において与えられていないような経験はないのか、主体が解体し、自己に対する関係を壊し、自らの同一性を失うような経験はないのか」というものである[1]。

（1） «Entretien avec Michel Foucault», n° 281 (1980), p. 868-869/205.

それではフーコーは、こうした経験に基づく主体像を、どのようなものとして構想していたのだろうか。本章ではそれを、この時期の彼のエクリチュール論を手がかりにして読み解いていきたい。前章で見た通り、「生存の美学」とは、「生存の技法」を通じて、真理の獲得とともに自己を形成する実践であった。[2]本章では、一方でフーコーは、「生存の技法」における「書くこと」の重要性をとりわけ強調している。本章では、この自己形成とエクリチュールとの関係を、彼の「生存の美学」の要として、その「非同一的な主体」をめぐる議論の要として読み解いてみたい。

1　ヒュポムネーマタと書簡

1-1　ヒュポムネーマタ――断片的なロゴスによる主体化

フーコーは、後期のさまざまなテクストにおいて、「生存の技法」における「書くこと《エクリチュール》」――自己および他者のために書くということ――の重要性を強調している。[3]

自己の訓練の要素としての書くこと《エクリチュール》は、エートス制作的な [éthopoiétique] 機能を持っている。それは、真理をエートスへと変形するための操作子であるのだ。[4]

この自己の実践としての「書くこと」の重視から彼は、古代から続くいわゆる「自我の文学」――自己の内面を綴った日記や自己についての物語など――の伝統についても、それが自己の実践の枠組みにおいて捉え直されるべきだと主張する。

主体は、ある象徴体系のなかで構成されると言うのでは十分ではないのです。それは、さまざまな現実の実践——歴史的に分析可能な諸実践——のなかで構成されるものなのです。(5)

そして、こうしたエートス制作的なエクリチュールとして、フーコーがとりわけ注目するのは、ヒュポムネーマタ〔hupomnêmata〕と書簡〔correspondance〕という二つの形態である。

---

(2)「身体の良き管理が生存の技法になるためには、主体が自らについて書き留める必要がある。それによって主体は、自律性を獲得し、自分にとって良いもの悪いものについて、分別のある選択ができるようになるだろう」(*UP*, p. 142-143/139)。またフーコーは、セネカやマルクス・アウレリウスのエクリチュールと、その日常生活の細部への関心との結びつきに言及している(*TS*, p. 28-29/35-38)。

(3) フーコー晩年のエクリチュール論の重要性については、以下も参照。Bernard Stiegler, *Prendre soin. De la jeunesse et des générations*, Paris, Flammarion, «La bibliothèque des savoirs», 2008. 本書でスティグレールは、自らの提唱する「心権力〔psychopouvoir〕」論の立場から、フーコーが七〇年代に展開した生権力論の今日的な限界を指摘しつつ、むしろ晩年のエクリチュール論のほうに可能性を見出している。

(4) «L'écriture de soi», n° 329 (1983), p. 1237/280. この点については、以下も参照。«L'herméneutique du sujet», n° 323 (1982), p. 1180/198 ; «À propos de la généalogie de l'éthique : un aperçu du travail en cours», n° 344 (1984), p. 1443-1447/92-98 ; «Le retour de la morale», n° 354 (1984), p. 1519/204-205.

(5) «À propos de la généalogie de l'éthique», n° 344 (1984), p. 1447/98.

まずヒュポムネーマタとは、帳簿や備忘録を意味するギリシア語である。古代ギリシアにおいては、こうしたノートが、各人の行動の指針として用いられていたという。そこに書き留められるのは、さまざまな引用や著作の断片であり、実際に体験したり、あるいは本で読んだ事柄であり、ひとから聞いたり、自分で思いついたりした考えである。いわばそれは、読んだり、聞いたり、考えたことの記憶を物質化したものである。それは、各人が作って手もとに置いておき、行為のなかで必要に応じて用いられるものであった。そこで重要なのは、書き留められた言説が、たんに「思い出のたんす」にしまわれるだけでなく、魂の奥深くに根づき、真にわれわれの一部となることである。

> 魂は、それらの言説をたんに自らのものとするだけでなく、自己自身と化さなければならないのだ。(6)

ここから、これらの言説は、「ロゴス・ビオエティコス」(logos bioèthikos) とも呼ばれていた。ヒュポムネーマタというエクリチュールは、この言説の主体化(もっと言えば、「血肉化」)における重要な仲介者であったのだ。(7)

またフーコーは、それが、キリスト教的な「告白」の伝統に属するものではないことを強調する。ヒュポムネーマタが追求するのは、それとは逆の方向性である。すなわち、そこで重要になるのは、「語りえないもの」を追求することや、「隠されているもの」を明らかにすることや、「語られていないこと〔non-dit〕」を語ることではなく、反対に、「すでに語られたこと〔déjà-dit〕」を捕らえること、つまり、聞いたり読んだりしたことを集めることであるのだ。(8) そして、こうして「すでに語られたこと」が集められるのは、それをもとにして自己を形成するために他ならない。要するに、ヒュポムネーマタの目的とは、教育、聴取、読書によって伝えられた「断片的なロゴスの寄せ集め」を、できるだけ適切かつ完全な、自己の自己への関係を打ち立てるための手段とすることなのだ。(9)

フーコーによれば、ヒュポムネーマタを作ることが、分散したロゴスを通じた自己形成に役立つのは、次のような理由による。まずヒュポムネーマタによって、自らの得た言説をアーカイブ化し、必要なときにすぐ活用することができる。またそれは、異質な言説を集め、それらを、その都度の「局所的真理」と「使用の状況における価値」によって統御することを可能にする。それは、ばらばらな真理を集め、統合する技術である。フーコーはそれを、「「すでに語られたこと」の伝統的な権威を、そこで明らかになる真理の特異性や、その使用を規定する状況の特性と組み合わせるための、熟慮された方法」と表現している。(10) さらに、このばらばらなものの統合は、ヒュポムネー

(6) «L'écriture de soi», n° 329 (1983), p. 1238/282. 傍点は引用者による。
(7) *Ibid*.
(8) *Ibid*., p. 1238/283.
(9) *Ibid*., p. 1239/283. この点については、『主体の解釈学』の「講義の位置づけ」におけるフレデリック・グロの記述も参照。*HS*, p. 509-510/590.

マタを行う主体のうちで、書いたり読んだりという行為の結果として実現するものである。

そこでは、二つのプロセスが区別される。まず、ヒュポムネーマタという行為を通じて、異質な断片を主体化する、つまり自らの身体に取り込むというプロセスがある。ヒュポムネーマタは、見たり聞いたりしたことを「力と血に」変え、そうして、この見たり聞いたりしたことは、主体のうちで「行動の原理」となる。また一方で、「語られたこと」を集めることを通じて、主体が自己自身の同一性を作り上げるというプロセスがある。ただしそこで、集められた異質な要素から作り上げられる同一性は、当然それら異質性の刻印を帯びたものとなるだろう。すなわちそこで、選び取られた「読むこと」と、それを同化吸収する「書くこと」の働きにより形成されるのは、それを通じて「ある精神の系譜の全体」を読み取ることができるような同一性に他ならないのだ[11]。フーコーはそれを、高音、低音、中音、あるいは男声、女声というさまざまな響きからなる合唱にたとえている。

このように、ヒュポムネーマタにおいて重要なのは、選び取られた断片的な「すでに語られたこと」を自分のものとし、統合し、主体化することによって、自己を理性的な行為の主体として形成することであり、こうして真理は行動の原理と化すことになる[12]。

1-2 書簡——自己と他者が「対面する」場

一方で古代ギリシアにおいては、書簡という形式のエクリチュールもまた、自己および他者の主体形成にとって重要なものとみなされていた。そこで、一通の手紙は、それを書くという行為を通じて送り手に影響を与えると同時に、それを読むという行為を通じて受け手にも影響を与えるものとしてあった。[13] フーコーは、エクリチュールが自己と他者に対して持つ二重の機能に関して、書簡とヒュポムネーマタとの類似性を指摘する。さらに彼は、セネカを参照しつつ、自己形成における他者の役割の重要性を指摘する。すなわち、自己への配慮と他者への配慮の役割は相互的なものであり、そこではまさに、「教える者が学ぶ」（『道徳書簡』第七、八節）というわけである。書簡というエクリチュールは、それを受け取る者の「自己への配慮」を助けると同時に、書き手の「自己への配慮」を――そして、場合によってはそれを読む第三者のそれを――助けるものでもあるのだ。

ただしフーコーは、書簡とヒュポムネーマタの相違点も指摘している。それは、自己を表明する際の仕方に関わる。すなわち、書簡とは、書き手を受け手に「現前［présent］」させるエクリチュールだということである。ここで「現前」という言葉は、「無媒介的でほとんど身体的な存在感」[14]を伴う様態の意味で用いられている。書くこととは、「姿を現すこと」であり、自分を見せることであり、他者の眼前に顔を見せることなのだ。[15] ここからフーコーは、手紙とは、書き手が受け

(10) *Ibid.*, p. 1240/285.
(11) *Ibid.*, p. 1242/287.
(12) *Ibid.*, p. 1249/297.
(13) *Ibid.*, p. 1242/288.
(14) *Ibid.*, p. 1244/291.

手に投げかける眼差し（手紙が受け手を見つめる）であると同時に、書き手が受け手の眼差しに自らをさらす（受け手が手紙を見つめる）方法でもある、と論を進める。要するに、手紙が両者の「対面」の場となるのである。

さてこのとき、書簡を通じた視線のやり取りは、ややもすると、「自らの心の内奥の凝視」につながるものとして理解されがちである。すなわちそれは、結局のところ「他者の視線の内面化」と結びつけられがちだ、ということである。これに対してフーコーは、それを「自己の自己による解読」としてではなく、むしろ自己の「他者に対する開放性」として理解するべきだと主張する。ここで強調されているのは、言うなれば、「外から内へ」という方向性に対する「内から外へ」という方向性である。こうして、書簡における他者との対面は、相互監視という閉ざされた形式ではなく、相互に開かれた協働を形成することになる。

以上、ヒュポムネーマタと書簡という、「生存の技法」としてのエクリチュールの二つの形態を見てきた。フーコーが、この自己の実践に関して繰り返し指摘するのは、それが「外的な真理の吸収」を目的として行われるという点である。そこで教育、読書、助言などを通じて得られたさまざまな真理は、「自己の一部となるまで、恒常不変に活動する内的な行動原理となるまで[16]」同化される。こうして自己は、真理の獲得のたびに自己を変容させることになるだろう。この意味において、「生存の技法」とは、「真理と主体を結びつけることを目的とする技術の総体」と言うことができる。そして、その際に重要なのは、主体のなかに真理を見出すことでも、魂を真理の言説の対象とすることでもない。重要なのは、こうした「主体の解釈学」ではなく、主体が、「自らの知らない、自らのうちに存在しない真理を身につけること」であり、「真理を習得し、記憶し、徐々に実践に移すことによって、それを、われわれのなかで絶対的な統治を行う準主体にすること」である[17]。

まとめよう。まず、「生存の技法」とは、自らの外部にある真理を自らの内部へと取り込み、それを身体化することによって、「行動の原理」にするとともに自己を変容させるための技術であり、また、このプロセスの全体を「主体化」と呼ぶことができる。そして、本節で見てきたヒュポムネーマタと書簡という二つの実践は、フーコーのなかで、この主体化の技術の要として位置づけられている。また、第二章で見たように、七〇年以降のフーコーは、一度はエクリチュールの「実践」としての力に疑問を抱き、より具体的な行動へと傾斜していったわけであるが、ここでエクリチュールは再び、それ自体で真に「革命的」な力を持つ実践として位置づけ直されている、と言うこともできるだろう。

ここで、フーコーの思想全体との関係でとりわけ重要なのは、真理が「認識の対象」ではなく、「行動の原理」として捉えられている、という点である[18]。前者において真理は、自己の内奥に隠さ

(15) *Ibid.*
(16) «L'herméneutique du sujet», n° 323 (1982), p. 1180/197.
(17) *Ibid.*, p. 1181/199.
(18) この点については、『主体の解釈学』の「講義の位置づけ」も参照。*HS*, p. 508-510/589-591.

れ、探られるものであったが、後者においてそれは、さまざまな行動の「効果」としてのみ表出するものである、と言うことができる。この真理の「ステータス」の変化は、明らかに、これまでに見たフーコーの思想的変化——とりわけ、その権力観の変化——に伴うものであるだろう。

2 「外の経験」としてのエクリチュール

前節で見たように、フーコー後期のエクリチュール論においては、断片的なロゴスの寄せ集めをもとにして、そこからある実践によって主体を形成する過程が示されていた。なかでも注目されるのは、これらの議論のなかで想定されている真理が、「語りえないもの」でも、「隠されているもの」でも、「語られていないもの」でもなく、あくまで「すでに語られたもの」に他ならない、という点である。ここから本節で指摘したいのは、この「すでに語られたもの」としての真理と、『知の考古学』で定義された「言表」との共通性である。というのも、フーコーがヒュポムネーマタの素材とみなす「教育、聴取、読書によって伝えられた断片的なロゴスの寄せ集め」には、「累積」や「外在性」といった『知の考古学』で示された言表の特徴が明らかに認められるからである。

『知の考古学』によれば、言表とは、「さまざまな支持体によって、さまざまなタイプの制度に従って、さまざまな規約的な様態とともに」残存するものであると同時に、特定の主体に回収されることなく「匿名的に反復される」ものであった。これらはそのまま、ヒュポムネーマタによって集められる「すでに語られたこと」の性質に合致するだろう。

さらにフーコーは、これら「すでに語られたこと」をもとに作り上げられる主体の同一性を、セネカの言葉を引きつつ、「個々のいかなる声も識別することができない」ような合唱にたとえている。一方で彼は、第一章で見たように、ブランショが過去に書かれた作品に呼びかけるのは、それらの作品を自らのうちに取り込んで、いわば「内在化」するためではなく、反対に、それらの作品が徹底的にわれわれの「外」にあるということを、つまりわれわれと作品との「外在性」を示すためだと語っていた。

彼［ブランショ］は、すでに書かれたさまざまな作品を自らのなかに、自らの主観性のなかに取り込もうとはしません。彼は、自らを忘却にさらすことで、この忘却から出発して過去の諸作品を浮かび上がらせるような、そうした存在なのです。(19)

同様にヒュポムネーマタにおいても、「すでに語られたこと」と主体とのあいだには、こうした外在的な関係があるように思われる。もちろんそれは、断片的なロゴスを身体化し、自己の行動原理とするための行為ではあるのだが、そこで選び取られたロゴスは、決して主体によって「我有化」されることなく、反対に、主体に対して一定の外在性を保ち、またロゴス同士も相互の異質性を保持することになるだろう。というのも、フーコーが述べるように、ヒュポムネーマタとは、集

(19) «Folie, littérature, société», n° 82 (1970), p. 993/461.

めた異質な言説をアーカイブ化し、必要に応じて活用するための技術であり、それらの言説を、状況に合わせて適用するための技術だからである。[20] そこで主体は、確固たる統一体というよりもむしろ、アーカイブから状況に応じて引き出されるロゴス如何で、その都度形を変化させるような存在として想定されている。

このように、後期のエクリチュール論においてフーコーは、「言表」にも似た断片的なロゴスから形成される主体に、根源的な匿名性、非人称性を認めているように思われる。そして、この意味において、フーコーの述べるエクリチュールとは、「主体がもはや、その構成的な諸関係において、自己への同一性において与えられていないような経験」、「主体が解体し、自己に対する関係を壊し、自らの同一性を失うような経験」であるとは言えないだろうか。いわば、そこから生み出されるのは、「外の主体」に他ならない、と。

3 「反＝教導」としての文学

3-1 出来事としての言説

前節の議論を踏まえた上で、あらためてフーコー後期の諸論に目を向けるならば、そこで彼が、「アーカイブ」や「考古学」という『知の考古学』で提出された概念を、われわれの生に直接結びつくものとして語り直していることに気がつくだろう。本節では、この点について見ていきたい。

フーコーは、あるインタビューで次のように述べている。

私が言説の問題のなかで関心があるのは、あるひとが、ある瞬間に、あることを述べたという事実です。[21]

ここで彼は、自らが明らかにしようとしているのは、「このことが、あの瞬間に言われた」という事実に割り当てることができる機能であるとし、それを「出来事〔événement〕」と名指す。フーコーにとって問題となるのは、言説を一連の「出来事」として捉えた上で、この出来事（言説的出来事）が言説以外の出来事（政治・経済やその諸制度など）と取り結ぶ関係を明らかにすることである。フーコーはそれを、「さまざまな出来事を見分け、それが属するところのネットワークやレベルを区別し、それらの出来事を結びつけ、相互生成を引き起こすところのつながりを再構成すること[22]」と表現している。また彼は、このつながりを「装置〔dispositif〕」という名で言い換えてもいる[23]。ここで重要になるのは、言説とは他の出来事と同様、ひとつの出来事に他ならない、という認識である。こうした認識は、ひとつの言説を、たんなる抽象的な言語の問題としてではなく、それ

(20) ドゥルーズは、この「絶対的記憶」あるいは「外の記憶」のなかに、外を空間としてだけでなく時間としても考える可能性を見出している。以下を参照。Gilles Deleuze, *Foucault* [1986], Paris, Éditions de Minuit, «Reprise», 2004, p. 114-115〔ジル・ドゥルーズ『フーコー』宇野邦一訳、河出文庫、二〇〇七年、二〇〇―二〇二頁〕.
(21) «Dialogue sur le pouvoir», n° 221 (1978), p. 467/49.
(22) «Entretien avec Michel Foucault», n° 192 (1977), p. 145/196.
(23) «Le jeu de Michel Foucault», n° 206 (1977), p. 299/410.

が発された状況や形態と結びついた、現実の存在様態の水準で扱うことを可能にする。

さてフーコーによれば、考古学の使命とはまず、言説的出来事を、それが記録されているアーカイブから抽出することによって再構成することにある。一方で考古学とは、言説的出来事に限らず、「歴史的領野」をその全体性において、つまり、政治、経済、性といったあらゆる次元において再構成することを目指すものでもある。こうして考古学は、言説的出来事と他の出来事との関係を、あるいは言説的出来事同士の関係を明らかにすることへと向かうだろう。

フーコーは、考古学の最終的な目標を、「今日のわれわれ自身について知ること」にある、と述べている。アーカイブに潜む出来事を再構成することが、「今日のわれわれ」を知ることにつながるとは、どういうことだろうか。それは、これら種々の出来事こそが、また、その総体たるアーカイブこそが、われわれの生を成り立たしめるものに他ならない、という意味である。すなわち、われわれとは、不可避的に言説的出来事のアーカイブに結びつけられた存在であり、その意味において、われわれの存在とは、「数世紀前、数ヶ月前、数週間前に述べられたことに他ならない(24)」のである。「われわれの社会やわれわれの存在には、奥深い歴史的次元がある(25)」というフーコーの歴史認識もまた、ここに由来するだろう。

3-2　純粋に言語的な実存

これまで見てきたことからは、フーコーが、われわれの生を、根本的に「言語的」なものとして捉えていたことが窺われる。また、その際の「言語」とは、先に述べたような「出来事としての言説」を指す。さて、この観点から注目されるのは、「汚辱に塗れた人々の生」と題された一九七八年の論考である。フーコーは七〇年代に、一般施療院とバスティーユ監獄に残された収監古文書からなるアンソロジーを計画したが、「汚辱に塗れた人々の生」は、このアンソロジーのための序文として書かれたものである。当該アンソロジーは、一八世紀を生きた無名で悪辣な生たちに対する訴状、告発文、執行命令書、報告書の数々を収めたものであり、それ自体が、いわばひとつのアーカイブを形成している。

ここで、まずフーコーが注意を促すのは、これらの生が、種々の匿名的な言表からなるアーカイブのなかにのみ姿を現すものだ、という点である。

彼らがいかなる者であったのか、あるいは彼らが何をしたのかについては、数行の文以外に何も残っていない。［……］彼らは、これらの言葉というかりそめの住処以外のどこにも存在したことがないし、これからも存在することはないだろう。(26)

ここには、まさに「出来事としての言説」のみから成り立つ生の存在を、その様態を認めること

(24) «Dialogue sur le pouvoir», n° 221 (1978), p. 469/52.
(25) *Ibid.*
(26) «La vie des hommes infâmes», n° 198 (1977), p. 242/321.

ができるだろう。そして、それらの生はまた、フーコーの論じるところの「言表」の性質を帯びたものとしてある。というのも、『知の考古学』の言表理論を用いるならば、これらの言表＝生は、「希少」なものだと言うことができるからである。すなわち、こうして「ポジティヴ」なものとなった言表の背後には、いまだ可能性に留まっている無数の言表が、したがって無数の生が存在している、というわけである。

さらに、これらの言表＝生は、権力によって残されたものであり、それがわれわれと出会ったのは、権力の「気まぐれ」をはじめとする数々の偶然の結果に他ならない。

もしこれらの生が、ある瞬間に権力と交差し、その力を喚起することがなかったとすれば、暴力や特異な不幸のなかにいたこれらの生から、何がわれわれに残されただろうか(27)。

こうして、「純粋に言語的な実存」という存在様態によって、ほとんどフィクション的な存在となったこれらの生は、権力との関わりが引き起こす「偶然」によってわれわれのもとに届けられることとなった。

生の強度のもっとも高い点、エネルギーが集中する点、それは、生が権力と衝突し、それと闘う点であり、その力を利用しようとし、あるいは罠から逃れようとする点である。権力ともっとも取るに足らない実存とのあいだを行き来する、短い、そして鋭く響く言葉たち。おそらくそこにこそ、この取るに足らない実存にとって唯一のモニュメントがあるのだ[28]。

この言表＝生へのフーコーの関心は、明らかに考古学的なものであるだろう。そして、考古学の最終的な目標を、「今日のわれわれ自身について知ること」にあると述べるフーコーは、これら一八世紀の無名で悪辣な生たちを、現代のわれわれと――「彼ら以上の重要性を持っているわけではないわれわれ」[29]と――無関係の存在とは決して考えていない。要するに、フーコーにとっての考古学とは、究極的には、「われわれ自身の歴史的存在論」に他ならない、というわけである。

さてフーコーは、この無名の生が権力によって言説化されるようになった時期と、文学のなかにそれらの生が現れるようになった時期の共通性に言及する。

一七世紀から一八世紀の転換点において、言説、権力、日常的な生、真理といったものの関係が新たな様態で結び合わされ、そこに文学もまた関わっていたのである[30]。

ここでフーコーが注目するのは、文学の、権力に対する「二重の関係」である。どういうこと

---

(27) *Ibid.*, p. 241/320.
(28) *Ibid.*
(29) *Ibid.*, p. 242/322.

か。

　フーコーは、『知への意志』のなかで、「言説の戦術的多機能性[31]」に言及していた。それによれば、いかなる言説も、権力に対して服従か対抗か、どちらか一方だけの姿勢をとるということはない。反対にフーコーは、言説が権力の道具になると同時にその障害ともなるような、そうした複合的で不安定な作用を想定するべきだ、と言う。確かに言説は権力を運び、生み出し、それを強化する。しかし同時に言説は、権力を浸食し、危険にさらし、脆弱化し、それを妨げることを可能にするのである。これは、一方に権力の言説があり、他方に権力に反対するもうひとつの言説がある、ということではない。言説とは、「力の諸関係の領域における戦術の総体[32]」である。同じ戦略のなかで異なる言説もあれば、反対に、対立する戦略のあいだで形を変えずに循環する言説もあるというように、言説の戦術的機能は、決して一様でも一定でもないのだ。

「汚辱に塗れた人々の生」において、フーコーが文学のなかに見出すのは、この『言説の戦術的多機能性」に他ならない。すなわち文学は、一方で日常的なものの言説化というシステムの一部を担いつつも、他方で、そうしたシステムに対する反抗を引き受けることになるのだ。それは、「もっとも悪いこと、もっとも秘密のこと、もっとも耐えがたいこと、もっとも恥ずべきこと[33]」といった「言葉にできないこと［indicible］」を語る言説という意味において、「汚辱」の言説であり続けるだろう。

　この、いわば「反＝教導」としての文学が浮かび上がるのは、匿名的な言表、ただし権力と不可避的に結びついたそれからなる「アーカイブ」のなかである。こうしてフーコーは、われわれの生が、断片化したロゴスの集積に他ならないことを、さらには、この存在様態そのものを通じて、権力とアンビヴァレントな関係にあることを示すのである。

4　ルーセルという結節点

4－1　経験としての書物

フーコーは、一九八〇年に行われたあるインタビューのなかで、著作（の執筆）というものが、自分にとってひとつの「経験［expérience］」であることを述べている。ここで経験という語は、「そ

（30）*Ibid*., p. 251/333. フーコーはすでに、一九七三—七四年の講義（『精神医学の権力』）のなかで、規律権力がエクリチュールへと訴え、それを道具とするものであることを指摘している。「規律権力が包括的で連続的であるためには、エクリチュールが絶対に必要であるように思います。そして私には、一七—一八世紀以降、軍隊や学校や職業訓練所において、また警察や司法システムにおいて、人々の身体、行動、言説といったものが、エクリチュールの組織、一種の書記的プラズマによって、少しずつ包囲されるようになる、その方法の研究というものが可能であるように思われます。このエクリチュールの組織は、人々の身体、行動、言説を記録し、コード化し、ヒエラルキーの段階に沿って伝達し、最後に中央に集めるものです。ここには、エクリチュールと身体との新たな関係、その直接的で連続的な関係があると思うのです」（*PP*, p. 50-51/63）。

（31）*VS*, p. 132/129.

（32）*Ibid*., p. 134/131.

（33）«La vie des hommes infâmes», n° 198（1977）, p. 253/335.

こを通過した後には、自己自身が変形しているような何ものか[34]」という意味で用いられている。すなわち、ひとつの書物を書くことは、自らの思考を、そして、ときには存在さえも変化させてしまうという意味で、彼にとってひとつの「変形［transformation］」の経験であるのだ。こうしてフーコーは、「自分自身を変化させるために、そしてもはや以前と同じことを考えないために書く」という意味において、自らを「実験者［expérimentateur］」と規定する[35]。

さらにフーコーは、書物のなかで経験との関係が可能にする変形は、自分だけのものではなく、他者にとっても一定の価値があり、アクセス可能な性格を持つものでなければならない、と述べる[36]。同一の経験は、「他者によってもなされうる」ものでなければならないのだ。この意味において、彼の著作は、同時に「経験への招待」ともなっている[37]。フーコーによれば、経験というものは、基本的にはひとりだけでなすものであるが、その十全な実現は、「経験が純粋な主観性を逃れ、他者が、その経験を完全にやり直すとは言わないまでも、少なくともそれと交わり、横断し直すことができる[38]」限りにおいて可能であるという。また彼は、このような経験を可能にする書物を、つまり自らの経験よりもずっと広い経験が表現されている書物を、「真理としての書物［livre-vérité］」や「論証としての書物［livre-démonstration］」に対して、「経験としての書物［livre-expérience］」と呼ぶのである。

4-2　ルーセルにおける生の変容

フーコーが、このエクリチュールという「外の経験」を生涯認め続けていたのが、おそらくルーセルという作家であるだろう。ルーセルは、最初の本が出た次の日の朝、「自分の周りに輝きが満ち、道行く誰もが、彼が本を書いたと気づくことを期待していた」という[39]。フーコーは、晩年のインタビューのなかでこの逸話に言及し、それに対して、「それはものを書く誰もが抱いている暗い欲望です」と共感を示した後で、次のように述べている。

ひとは、現在の自分と異なったものになるために書くのです。そこには、自らの存在様態の修正があり、ひとはそれを、書くことを通じて求めます。ルーセルが見つめ、探し求めていたのは、この存在様態の修正なのです[40]。

ここには、エクリチュールにおける根本的な自己変容の可能性が示唆されている。第二章でも触れたように、ルーセルは一七歳のときに書いた詩のなかで、自らの魂を「奇妙な工

(34) «Entretien avec Michel Foucault», n° 281 (1980), p. 860/194.
(35) *Ibid.*, p. 861/194. フーコーは、こうした脱主体化の作法を、ニーチェ、バタイユ、ブランショ、クロソウスキーといった人々から会得したと述べている。
(36) *Ibid.*, p. 865/200.
(37) *Ibid.*, p. 866/201.
(38) *Ibid.*
(39) «Archéologie d'une passion», n° 343 (1984), p. 1424/63.

場」と表現し、創作において方法の遵守を徹底するのみならず、実生活においても自らを機械のごとく律していたという。この点に着目したフーコーは、ルーセル自身を方法の「機械そのもの」とみなす発言をしている。言い換えるならば、自らの生を方法へと化すほどまでの、方法への完全な服従は、ルーセル流の「アスケーシス」（自己による自己への働きかけ）の実践であったのだ。

作品への現実の介入を拒否したルーセルは、想像力によって現実を凌駕するような世界を作り上げ、この言語によって構築された想像の世界に生きた。その意味で、彼にとって言語表現とは、生きることそのものであったし、それに希望を見出せなくなった晩年の彼が死へと向かわざるをえなかったというのも、自然なことと言えるかもしれない(41)。そして、言語表現が生きることそのものであったとすれば、ルーセルにあって、言語上の変質とは生の変質に他ならない、とも言えるだろう。実際彼は、一九歳のときに処女作を書きながら体験した「栄光の感覚(42)」以来、その強烈な自己変容の体験以来、「書くこと」を通じて自己自身に何らかの変質が生じる可能性を信じ続けたように思われる。また、そうであればこそ彼は、この原初の自己変容を再び体験したいという激しい情熱を生涯抱いて書き続けたのであろう。

ルーセルの方法は、同一の言葉のわずかなずれによって言語のなかに開かれる空間を、これまた同一の言葉や文のなかに潜むさまざまな差異、そこから生み出されるさまざまなイメージによって埋め尽くすというものであったが、この方法の核心は、同一のものから差異を発生させるという点にあるだろう。こうした方法によってこそ、一見何の変哲もない言葉から、「仔牛の肺臓でできたレール」や「チターをひく大みみず」といった驚異が生み出されることにもなるのである。そして、ここでルーセルにおける書くことと生の変容との結びつきを想起するならば、それは、言語表現のレベルで同一のものから差異へと開かれていく過程であると同時に、生においても同一の自己から別様の自己へと開かれていく「経験」であると捉えることができるだろう。また、その意味で、方法によって生み出されるこれら一連の驚異のイメージは、彼自身の変身の過程、変身の諸様態とも捉えることができるのではないだろうか。

第二章で論じたように、六〇年代のフーコーは、ルーセルの作品が、「言表の匿名のざわめき」とでも言うべきものに基づいていることを指摘し、その「外の芸術論」の集約とも言える『レーモ

(40) *Ibid.*, p. 1424/63-64. また、別の対談でフーコーは、何かを書くという行為について、それは、「つねに何らかの危険を冒すこと」であり、「もし前もってどこにたどり着きたいのか知っていたりすると、経験の次元がひとつ欠落するということが起こる」とさえ述べている（«Une esthétique de l'existence», n° 357 (1984), p. 1549/248）。というのも、フーコーによれば、ひとがものを書くとき、彼は、「終わりの時点で自分が出発点とまったく違った存在となっていることを強く望むもの」だからである（*Ibid.*, p. 1550/248）。

(41) フーコーは、ルーセルが、「その作品によって、作品に出てくる緻密で、幻想的で、疲れ知らずの装置によって、生を無限に延長することを、長きにわたって夢見ていた」と指摘している（«Dire et voir chez Raymond Roussel», n° 10 (1962), p. 235/268）。

(42) これについては、『私はいかにして或る種の本を書いたか』および以下のジャネによる記録を参照。Pierre Janet, *De l'angoisse à l'extase : études sur les croyances et les sentiments* [1926], Paris, Société Pierre Janet / Laboratoire de psychologie pathologique de la Sorbonne, 1975, p. 116-117〔ピエール・ジャネ「恍惚の心理的諸特徴」ミシェル・フーコー『レーモン・ルーセル』豊崎光一訳、法政大学出版局、一九七五年所収、二四五―二四六頁〕.

ン・ルーセル』を著したが、後期のフーコーにおいて、ルーセルとはまず、エクリチュールによる自己変容の実践者として現れる。この意味において、フーコーのルーセルに対する生涯にわたる眼差し――フーコーは、晩年に至るまでルーセルに強い関心を抱き続けた――のなかには、彼の「外の芸術論」と「外の主体論」との結びつきを見出すことができるように思われる。

第四章で見たように、真理とは、「権力の外にも、権力なしにも存在しないもの」であった。そして、フーコーの語る「生存の美学」とは、この権力と不可分の真理からなるアーカイブに、ひとつの「行動〔conduite〕」を通じてアクセスすることで、身体のレベルで権力の配置を組み換えることを意味していた。われわれの生は、この断片的な真理の寄せ集めに他ならず、それはまた、日々の行為を通じて、不断に更新されていくものでもある。以上より本書では、「生存の美学」を、ひとつの「外の美学」として位置づけたい。そこでは、「自己の形成」に、つねにすでに「他なるもの」が織り込まれることによって、内在化のプロセスは、同時に外在化のプロセスへと通じることになるのだ。

次章では、これまでの検討を踏まえ、この「外の美学」から出発して、同時期のフーコーの芸術論にあらためて目を向ける。そこで強調される不定形かつ流動的な身体性には、同じく身体に基礎を置く「生存の美学」と通じ合うものを、確かに見出すことができるだろう。

第七章　力としての身体——後期の芸術論から

これまで見てきた通り、後期フーコーの主体論においては、自己への配慮による自己の形成という主題が、古代ギリシアのさまざまな慣習を論じるなかで、仔細に検討されていた。それは、身体に基礎を置きつつも、いわゆる「主体への回帰」とは異なった形での主体化を目指す「生存の美学」である。前章では、「外」の広がりとでも言うべきものを前提とする「生存の美学」を、ひとつの「外の美学」として位置づけた。それでは、この「外の美学」は、同時期の芸術論においてはどのような形で現れ、また逆に、それら芸術論は、「外の美学」のどのような側面を明らかにするだろうか。以下では、この問いに、「身体性」という観点からせまってみたい。

1　形と力の相互作用

1-1　ピカソの道化師

第一章で見た通り、一九六六年発表の『言葉と物』に収められた一章のなかでフーコーは、ベラスケスの《侍女たち》に「古典主義時代の表象の表象」を見て取る分析を行った。このフーコーの《侍女たち》論は、彼の数ある芸術論のなかでもとりわけ知られているもののひとつであるが、一方で彼には、これほど知られてはいないものの、もうひとつの《侍女たち》論とでも言うべき断片的なエッセイがある。それは、『言葉と物』出版から四年後の七〇年に、依頼に応じて執筆したもので、そこで彼は、ベラスケスではなくピカソの《侍女たち》(図2) について論じている。すなわち、そこで論じられているのは、ピカソがベラスケスの《侍女たち》をモチーフにして描いた五八枚の連作なのだ。第二章で確認したように、七〇年という年はフーコーの思考において、ひとつの転換点(文学から実践へ) を示す年であり、実際翌年から彼は、「監獄情報グループ」をはじめとする運動にのめり込んでいくことになるが、そうしたいわば「転換期」に書かれた本エッセイにもまた、このあたりの事情は否定しがたく反映されているだろう。

さて、この小論のなかでフーコーがまず注目しているのは、ピカソの《侍女たち》における「画家の消滅」という事態である。というのも、連作の一作目には、カンバスに比してかなり大きなサイズで表象されていた左端の画家は、その後次第に画面から姿を消すことになるからである。この

「画家の消滅」は、何を意味しているのか。フーコーはそれを次のように説明する。すなわち、連作一作目において、この絵の全体がそこから発するところの秩序や規範として機能していた画家の形象は、その後タブローの外へと漸次移行することによって、最終的には、タブローの背後から場面全体を「監視する」ような、遍在的な眼差しへと変化するというのだ。(1)

一方で、「画家の消滅」に対応するものとして指摘されるのが、「道化師の増大」という事態である。ベラスケスの絵で画面の右端に描かれていた子どもの道化師は、ピカソの連作においては——画家とは対照的に——次第にそのサイズを増大させていく。それはやがて、絵画内の登場人物たちを照らし出す光として現れるようになり、そして最終的には、画家に代わって彼らを、また彼らの生きる世界を作り出す「デミウルゴス」、つまり造物主の地位にまで至るという。(2)

こうして、ベラスケスの《侍女たち》は、ピカソにおいて、画家と道化師という二項の対称性を軸として捉え直される。エッセイの後半でフーコーは、道化師とは結局のところどのような存在であるのかと自問するが、それに対する答えもやはり、道化師の対極に位置する存在、つまり画家との対比から導き出される。それによれば、道化師とは、「不動性」と「暗さ」によって特徴づけられる画家に対して、「運動性」と「明るさ」によって特徴づけられる存在に他ならない。つまり道化師とは、「光」であり、「色」であり、「動き」であり、そしてまた「変化の原理」なのだ。

(1) *MP*, p. 18.
(2) *Ibid.*, p. 21.

図2　パブロ・ピカソ《侍女たち》（連作1）1957年、194×260cm、油彩・カンバス、ピカソ美術館

ここで注目されるのは、この画家と道化師との対比が、次第にベラスケスとピカソという作者自身の対比にも敷衍されていく点である。すなわち、暗闇のなかで、われわれが見ることのできない形象に対して支配力を及ぼし、さらに、やがてはそれ自体としては消滅することによって、「遍在する眼差し」として登場人物たちを「監視」し続ける画家＝ベラスケスに対して、ピカソは、光、ダンス、色、変化を旨とする道化師として位置づけられる、というわけである。フーコーは言う。

ベラスケスは、場面全体を左側へ、暗闇のほうへ、つまり絵画を描く絵画のほうへと移行させた。それに対してピカソは、その変奏の全体を右側へ、光のほうへ、つまり絵画を変化させる音楽のほうへと移行させる(3)。

ところでこの、登場人物たちを、ひいては鑑賞者たるわれわれ自身を監視する「眼差しとしての画家」という発想は、直ちにひとつの参照項を想起させずにはおかない。そう、後の『監獄の誕生』――その第一稿は、本エッセイの三年後に完成している――で知られることになる、あのパノプティコン・モデルである。このように見るならば、フーコーはここで、パノプティコン・モデルを先取りするかのような、眼差しによる一元的な支配に対して、絶え間ない運動としての、変化の原理としての道化師を対置している、と考えることができるだろう。(4)

1-2 ルベロルの犬たち

さてフーコーは、その『監獄の誕生』第一稿を完成させつつあった一九七三年三月(5)に、ポール・ルベロルの個展カタログに、「逃げる力」と題した小文を寄せている。この個展は、まさに「監獄」をテーマとした、『囚人たち［*Les Prisonniers*］』（図3）という連作が発表された機会であった。一〇枚のタブローからなるルベロルの連作は、窓と棒と金網という三要素によって囲われた空間

（3）*Ibid.*, p. 30.
（4）もちろん、ベラスケスとピカソにおける、《侍女たち》というテーマの同一性に注目するならば、ここには、第一章で見たような対比構造、つまり、「純粋な表象」を提示するベラスケスの《侍女たち》に対して、そうした表象空間を突き崩す光や色を提示するピカソの《侍女たち》という対比構造を指摘することもできる。
（5）フーコーが第一稿を書き終えるのは、この年の四月二日である。以下を参照。《Chronologie par Daniel Defert》, p. 58/45.

図３　ポール・ルベロル《狂信者》（連作『囚人たち』より）
1972年、165×200cm、油彩・カンバス、個人蔵

からの、犬たちの逃走、まさに「外」への逃走を描いている。まずフーコーは、この連作で問題となっているのは、「監獄一般［*la prison*］」[6]であると指摘している。フーコーによれば、監獄とは今日、さまざまな力が生まれ歴史が形成されるような「政治的な場」であるという。

『囚人たち』（フーコーはそれを『犬たち』と呼ぶ）は、ひとつの「不可逆的な連作」、「統御不可能な横溢」を形成するものであるが、それは、絵の併置が何らかの物語の様相を呈するからというよりも、そこにひとつの「運動［mouvement］」が見られるからである。それは、震動とともにひとつのカンバスから抜け出し、次のカンバスまた次のカンバスへと順々に移っていくような、ある大きな運動である。フーコーによれば、この連作は、「起こったことを語る代わりに、ひとつの力

[force]」を通過させる」ものであるという。[7] そしてまた彼は、「歴史を創造する力を通過させるとき、絵画は政治的なものである」とも付け加えている。

フーコーはここで、窓、棒、金網という三要素の絡み合いに「権力［pouvoir］」の様態を、一方で、犬たちの組織する運動に「力［force］」をそれぞれ見出した上で、この連作を、「力と権力との闘争」[8]――ここで彼は、それを「政治」と呼んでいる――という観点から読み解いている。連作が進むにつれて、力は次第に権力の「外」へと逃走していくだろう。[9] しかしながら、この力自体は、決してカンバスの上に表象されるものではない。むしろそれは、「二つのカンバスのあいだに」生み出されるものであるという。

この「力」のあり方をよく表しているのが、ルベロルの犬たちの形象である。というのも、その形象を縁取っているのは、身体をぐるりとめぐる一本の「輪郭線［ligne］」ではなく、無数の「描線［trait］」だからである。藁しべのごとき描線は、犬たちの全身の毛の逆立ちを、あるいは暗闇のなかの電気的な発光を表現している。フーコーによれば、こうして犬たちは、「ひとつの形という

（6）«La force de fuir», n° 118（1973）, p. 1269/392.
（7）*Ibid.*, p. 1269/393.
（8）*Ibid.*, p. 1270/394.
（9）ここで「権力」と「力」と名指されているものはそれぞれ、後の権力論における「支配状態」と「戦略的諸関係」におおよそ相当するだろう（Cf. «L'éthique du souci de soi comme pratique de la liberté», n° 356（1984）, p. 1547/244）。この時期のフーコーにおいてはまだ、権力の「外」というものが想定されていたという事実は興味深い。

よりもエネルギーに、現前というよりも強度に、運動や態度というよりも抑えがたい動揺や震動に」なるのである。[10] フーコーは、ルベロルが行ったことは、形と力をひとつのものとして、いわば「形＝力」のようなものとして現出させることであった、と言う。

ここにおいて、形を描くことと力を噴出させることはひとつになる。ルベロルは、絵画の振動のなかで描くという力を、たったひとつの身ぶりで通過させる方法を見つけたのだ。形は、そのさまざまなひずみのなかで、力を表象する任をもはや負っていないし、力のほうも、自らが現れるために形を押しのける必要はもはやない。同じ力が、画家からカンバスへ、そしてひとつのカンバスから次のカンバスへと、直接移っていくのである。[11]

ここから明らかになるのは、犬たちが「終わりのない逃走」を続けるのは、こうした「形＝力」としてだということである。

1-3 ビザンティオスのデッサン

ルベロル論に見られた「輪郭線［ligne］」と「描線［trait］」、そして「形［forme］」と「力［force］」という対立関係の萌芽は、すでに七〇年のピカソ論にも認められるだろう。というのも、そこでフーコーは、「線」を司る画家と「色」を司る道化師という構図を提示していたからである。[12] 一方で同様の対立関係は、ルベロル論の翌年に発表されたコンスタンティン・ビザンティオス論にも受け継がれる。
このギリシア出身の画家のデッサンにおいては、まず輪郭線によってさまざまな形象が精緻にかたどられた上で、そこに無数の描線が加筆されることによってタブローが形成されていく。そこで描線は、自らに先立ち、自らを統御しようとする輪郭線に抗して増殖し、形象を構成することになる。言い換えればそれは、一方で輪郭線を存在条件としつつ、他方でこの自らの存在条件へと挑むことになるのである。またフーコーは、この輪郭線と描線の弁証法的な関係性を、（輪郭線の表す）「形」と（描線の表す）「力」の闘いとも形容する[13]——ちなみにルベロル論では、「力と権力との闘争」が「政治」と呼ばれていた。

フーコーによれば、画家の「熱狂」と「自制」のあいだで、ひとつひとつの描線は、つねにそれが「最後の描線であるかのように」加えられ続ける。その意味で、新たな描線はつねに「最後のもの」ということになるだろうが、一方でそれが「最後の描線」であるのは、つねにかりそめのことでもあるのだ。しかしながらまた、このかりそめの「最後の描線」が加えられる瞬間は、輪郭線と

（10）«La force de fuir», n° 118（1973）, p. 1272/396.
（11）*Ibid.*, p. 1272/396-397.
（12）*MP*, p. 22.
（13）«Sur D. Byzantios», n° 135（1974）, p. 1387/65.

描線の、つまり形と力の駆け引きを「最高の強度へと至らせる」ときでもある、とフーコーは言う[14]。こうして、新たな描線が加えられるたびに、ひとつの形象を構成する形と力は、大きな緊張を持ってせめぎ合うことになるだろう。

さて、このユニークなデッサン論、とりわけ、そこでビザンティオスのデッサンにフーコーが読み取る「輪郭線と描線の弁証法」は、後期フーコーの主体論のよいイラストレーションと見ることができるだろう。フーコーの「生存の美学」とは、「生存の技法」を通じて、自己自身を変形し、特異な存在へと自らを変化させ、自らの生を、「特定の美的価値を帯び特定のスタイル基準に対応したひとつの作品」にしようと努めることであった[15]。こうした、「生存の美学」における主体形成のプロセスを念頭に置くならば、ビザンティオスのデッサンにおいて、「ひとつの形象を構成する形と力のバランス」に揺さぶりをかけ、それを変化させる行為、つまり、つねに「最後のもの」たる新たな描線を加えるという「身ぶり」は、「生存の美学」において主体形成の要となる身体実践、つまり「生存の技法」に比すことができるのではないだろうか。要するに、デッサンにおいて、自らの存在条件ともなっている所与の輪郭線に対して、ある種の「適切さ」を目指して描線が加えられていく様は、「生存の美学」において、素材としての身体に働きかけることで自己を形成していく過程の表現と見ることができる、というわけである。

2　イメージのパサージュとしての絵画

2-1　出来事＝写真と出来事＝タブロー

一方でフーコーは、七五年に発表した「フォトジェニックな絵画」のなかでは、ジェラール・フロマンジェの絵画に、「「出来事」としてのイメージの環流」とでも言うべき事態を見出している。

ここでフーコーはまず、一九世紀後半の写真技術の発達に伴って広く行われるようになった、絵画と写真のジャンル横断的な「戯れ」を振り返っている。それは、たとえば絵画の制作に写真が応用されたり、あるいは逆に、写真の制作に絵画が応用されたりというように、複数の媒体を用いて、ひとつのイメージを作り上げるような実践である。彼によれば、そこでは、絵画か写真かという媒体の差異は問題とされず、むしろ関心の中心は、そうして生み出されるイメージそのものに向かっていたという。すなわち、重要なのは、これらジャンル横断的な「戯れ」によって、いかにして新たなイメージを生み出すか、という問題であったのだ。

フーコーは、これらの実践の諸例を紹介しながら、そこで起こっていたのは、絵画や写真といった「支持体」につなぎ止められることのない、イメージの自由な飛翔であり、循環に他ならない、

(14)　*Ibid.*, p. 1389/67.
(15)　*UP*, p. 18/18.

と述べる。すなわち、そこで行われていたのは、イメージを各媒体に囲い込むことではなく、それを「循環させ、通過させ、横断させ、ゆがめ、真っ赤になるまで熱し、凍らせ、増殖させること」[16]であったのだ。しかしながらそれらの実践は、二〇世紀になると、「芸術についてのピューリタン的な規範」によって否認されることになる。

さてフーコーによれば、ポップ・アートやハイパーリアリズムといった二〇世紀後半の芸術潮流のなかでアーティストたちが行うようになったのは、まさにこの「往時の遊び」の再発見、つまり「イメージの無限循環への接続」であったという[17]。フーコーは、「彼らが描くのは、イメージである」と述べるが、それは、彼らの絵画が、この「イメージの無限循環」の中継の役割を果たす——つまり、イメージを囲い込まない——ものに他ならない、という意味である。

> 彼らが自らの仕事の果てに生み出したものは、写真から出発して作り上げられたタブローでも、タブローに見せかけられた写真でもなく、写真からタブローへと移り行く軌道のなかで捉えられたイメージなのだ[18]。

そしてフーコーが、こうした傾向のひとつの極点を見出すのが、フロマンジェの絵画である。フロマンジェの制作はまず、街頭での写真撮影から始まる。そこで撮った写真を、その後の制作に用いるためである。ただしそれは、絵画のモデルとして用いられるわけではない。というのも、フーコーによれば、それらの写真は、徹底して「絵にならない」写真、「取るに足らない［quelconque］」

写真であるからだ。それは、街頭で行き当たりばったりに撮られた、いかなる中心も特権的な対象も持たない「偶然の写真」であり、「起こることの匿名の運動」からフィルムという形で取り出されたイメージである。

撮影の後でフロマンジェは、スクリーンにスライドを投射して、何時間も暗闇のなかに閉じこもり、写真と向き合う。彼がそこで見出そうとするのは、写真が撮られた瞬間に起こっていたであろうことというよりも、そのイメージの上で現に起こっている、絶えず起こり続けている出来事である。それは、「イメージのものであるところのユニークな出来事」であり、「イメージをまったくユニークなものに――つまり、複製可能で、取り替え不可能で、偶然的なものに――する出来事」である[19]。要するに、フロマンジェが現出させようとするのは、写真の発端となった原初の出来事ではなく、イメージの内部にあって、現にそこで起きている出来事なのだ。

さてフロマンジェは、こうして映し出された写真をさまざまに彩色していく。デッサンや形という中継を経ることなく写真の上に置かれていく多様な色彩。フーコーは、この色彩の役割を、「出来事＝写真の上に出来事＝タブローを創造すること」と述べている[20]。すなわちそれは、出来事＝写

(16) «La peinture photogénique», n° 150 (1975), p. 1578/311.
(17) *Ibid.*, p. 1579/311. フーコーは、同時期に行われたインタビューのなかで、アメリカの現代画家たちへの強い関心を語っている。以下を参照。«À quoi rêvent les philosophes?», n° 149 (1975), p. 1574/305.
(18) «La peinture photogénique», n° 150 (1975), p. 1579/312. 傍点は引用者による。
(19) *Ibid.*, p. 1580/313.

真を伝えるところの、出来事＝写真と組み合わさって無限の新たな通過《パサージュ》を引き起こすところの、出来事＝タブローを生み出すものであるのだ。それは、「写真＝色彩というショートカットによって、〔……〕無数のイメージが湧き出る源を創造すること」[21]に他ならない。言い換えれば、写真と無関係に配置されたさまざまな色の模様によって、フロマンジェは写真から、無数の「祝祭」を引き出すのである。

2-2　イメージの無限循環

ここでフーコーが強調するのは、フロマンジェのタブローが、イメージを捕らえるのでも固定するのでもなく、それを通過させるものだ、という点である。彼のあらゆるタブローには、「写真＝スライド＝投影＝絵画」というセリーが現れているが、それはイメージの「トランジット」を保証することを機能としている。そこでは、タブローのそれぞれが「通過《パサージュ》」となっており、種々の支持体を通じてイメージの運動を活気づけ、濃縮し、強化するような「スナップショット」の役割を果たしているのである。フーコーはそれを、「イメージ投石機としての絵画」と言い表している[22]。

フロマンジェの仕事を通じて、まず、何らかの不思議な力によって、一枚の写真からさまざまなイメージが湧き出てきて、それが複数のタブローへと飛び散っていく。そして、それぞれのタブローはまた、それ自体がさまざまな出来事からなる新たなセリーを生み出すのである[23]。そこでは、「絵画が写真を開き、それによって限りない数のイメージに呼びかけ、それを通過させる[24]」のである。

一方でフーコーは、この「イメージの無限循環」のなかで、画家のステータスが限りなく希薄になっていくことを指摘する。すなわち、「灰色の影」のようなものとしてであれ、これまではまだタブローのなかに自らを示していた画家であったが、これ以降、イメージは、もはやその影さえ見えない「花火師［artificier］」[25]によって推進されることになるという。そこでイメージは、いわば「自律的な移牧［transhumance autonome］」[26]によってわれわれのもとまで流れ着くことになるだろう。

フーコーによれば、この新しい「フォトジェニックな」絵画とともに、絵画は、「通過の場」、「無限の移行」に、つまり、無数のイメージがやって来ては通過していく、そのような場になる。そしてまた、自らが投げ返す数多くの出来事へと開かれることによって絵画は、イメージにまつわるあらゆる技術と統合されることになる。こうして開かれる新たな領域のなかでは、画家はもはや唯一至上の存在ではありえないだろう。すなわち、そこで画家は、「花火師、技師、密輸入者、泥棒、略奪者」[27]といった、イメージに関わるあらゆる「アマチュア」と再び合流することになるので

(20) *Ibid.*
(21) *Ibid.*
(22) *Ibid.*, p. 1581/314.
(23) *Ibid.*, p. 1582/315.
(24) *Ibid.*
(25) *Ibid.*, p. 1582/316.
(26) *Ibid.*

ある。こうして今後は、「誰もがイメージの戯れのなかに入り、そこで遊び始める[28]」ことになる。

このフロマンジェ論において、「フォトジェニックな絵画」のあいだを通過する「イメージ」は、ルベロル論のなかでカンバスのあいだを通過するとされていた「力」のようなものとして捉えられているだろう。そしてまた、「力」とは、つねに「形」の統御から逃れる「外」の要素でもある。後期フーコーの芸術論においては、この「力」が、特権的な「作者」を見出すことなく、「自律的な移牧」を繰り広げる様が前景化されている、と言うことができるだろう。そこで、この流動的な「力」の運動は、ひとつの主体の基底に存在すると同時に、複数の主体同士を結びつけるものとして捉えられることになる。以下ではこのことを、同時期の芸術論に見られるフーコーの身体観を手がかりにして確認したい。

3　非有機的な身体――サド評価の変化をめぐって

第一章で見た通り、六〇年代のフーコーは、サドを「外の思考」のいわば始祖と位置づけていたが、七〇年代になると、こうしたサド評価は大きな変化を被ることになる[29]。この変化には、「欲望のあらゆる可能性を露呈させる」というサド作品に特有の性質――六〇年代にフーコーを魅了したところのもの――が関わっている。

フーコーは、七五年のインタビューのなかで、サド作品を原作としたパゾリーニの遺作映画、『ソドムの市』に批判的に言及している。そこでフーコーは、サドの描くあらゆる場面には、厳格な儀礼が見られ、その綿密さ、慣例、形式が、余計なカメラワークを一切受け付けないという点を指摘している。それは、どんな些細なものを付け加えることも取り去ることも、あるいはどんな些細な装飾をも許さないのである。ここから彼は、そこにあるのは、「開かれた幻想」ではなく、「入念にプログラム化された規則」に他ならないと述べ、余白が欲望と身体以外のもので埋められることを禁じるサド作品に、イメージのための場はない、とまで断じることになる[30]。

さらにフーコーは、サドにおける身体に根強い「有機性」を指摘する。すなわちそこでは、身体器官のヒエラルキー、位置関係、名称といったものが強固に保たれており、したがってサドにおいては、「器官が器官として」執拗な攻撃の対象となっているというのだ[31]。それに対し、フーコーはここで、ある種の映画作品に見られる「身体をそれ自身から逃れさせる方法」を称揚している。そこで問題となるのは、まさに、「有機性を解体すること」であり、そうして現れるところの、欲望のあらゆるプログラムの外にある「名づけえない」もの、「用途のない」ものである。それは、「快楽によって完全に可塑的なものとなった身体[32]」である。

(27) *Ibid*., p. 1583/316.
(28) *Ibid*., p. 1583/317.
(29) フーコーによるサド評価の変化については、以下も参照。Philippe Sabot, «Foucault, Sade et les Lumières», in *Foucault et les Lumières*, PU Bordeaux, 2007, p. 141-155.
(30) «Sade, sergent du sexe», n° 164 (1975), p. 1686/465.
(31) *Ibid*., p. 1687/466.

たとえば、フーコーによれば、ヴェルナー・シュレーターの映画が表現しているのは、「身体の増大、発芽」であり、「そのもっとも小さな部分の、身体の断片のもっとも小さな可能性の、いわば自律的な高揚」であり、また、この点においてそれは、「欲望の科学」としてのサディズムとは無縁のものだという。[33]こうしてフーコーは、シュレーターの『マリア・マリブランの死』のなかで二人の女性が抱き合う仕方を、「砂丘、砂漠のキャラバン、首を伸ばした食虫花、昆虫の口先、草むらに開いたくぼみ」などと表現するのである。[34]

ここでフーコーがサドを、「細心の解剖学者」[35]と呼んでいることからもわかるように、この時期のフーコーは、サドのなかに、身体に対する規律的な様態を強く見て取るようになっていた。

結局のところ私は、サドが規律的な社会に特有のエロティシズムを作り上げた、と認めてもよいのです。つまり、規則的で、解剖学的で、ヒエラルキー化された社会、注意深く割り振られた時間、碁盤目状に区切られた空間、服従、監視といったものを伴った社会に特有のエロティシズムをね。[36]

それに対しフーコーは、いまやこのサドのエロティシズム、「規律的なタイプのエロティシズム」から外に出て、身体の厚みやボリュームを伴った「非規律的なエロティシズム」、つまり、「偶然の出会いや計算なしの快楽を伴った、揮発性の身体のエロティシズム」を作り上げるべきだ、と主張するのである。[37]

言うなれば、フーコーにとってサドとは、われわれがその内部に捕らえられているセクシュアリティの装置から出発して、それを「限界に至るまで機能させる運動」ではあったかもしれないが、「このセクシュアリティの装置に対して位置をずらし、そこから抜け出し、それを超える」[38]ようなものではなかったのである。

4　快楽・きらめき・情熱

4-1　身体と快楽

こうしたサドへの批判と対照的に、後期のフーコーがその身体性を高く評価するのが、すでに触れたシュレーターである[39]。フーコーは、ニュー・ジャーマン・シネマの旗手にも数え上げられるこのドイツ人監督の映画を、いわゆる「心理主義映画」——例として、イングマール・ベルイマンの

（32）*Ibid.*, p. 1687/467.
（33）*Ibid.*, p. 1686-1687/466.
（34）*Ibid.*, p. 1687/467.
（35）*Ibid.*, p. 1688/468.
（36）*Ibid.*, p. 1689/470.
（37）*Ibid.*, p. 1690/470.
（38）«Non au sexe roi», n° 200（1977）, p. 260/349.

映画が引き合いに出されている——に対置する。その特徴は、起こっていることを、説明すること なく一挙に与えるような、「無媒介的な明白さ」にある。すなわち、そこで見られるのは、さまざ まな身体であり、顔であり、唇であり、目であり、シュレーターは、それら身体の構成要素に「情熱的な明白さ」(40)を演じさせることにより、出来事の説明としての心理学に抗するのである。

この「明白さ」は、分類化やアイデンティティの付与から逃れる。そこで問題となるのは、「さまざまな観念のあいだで生起するものを、それに名前を与えることが不可能であるような仕方で創造すること」(41)であり、それが何であるのか決して語られることがない色合い、形、強度を、そこで生起するものに与えることである。フーコーは、こうした身ぶりを指して、「生の技法［art de vivre］」と呼ぶ。この意味において、「生の技法」とは、「心理学を殺すこと」であり、また、「自己自身および他者とともに、名もなき個体性、存在、関係、性質の数々を創造すること」であるとされる(42)。

さらに、「重要なのは、身ぶりをなすことであり、それが私に尊厳を与えてくれるのです」というシュレーターの言葉を受けて、フーコーは次のように述べる。

二〇世紀以降われわれは、自己自身について知らなければ何もできない、と教えられてきました。自己の真理が存在の条件である、と。一方で、自己とは何かという問いなど一顧だにしない社会というのもあります。そうした社会では、自己への問いは意味を持たず、重要なのは、自分がなすことをなすために、自分が自分であるために、存在を活用する技術とはどのようなものか、という問いなのです。そうした自己の技法は、自己自身とまったく相容れないものとなるかもしれませんが、自己をひとつの芸術品／技法の対象［objet d'art］にすること、それこそが価値あることなのです。(43)

シュレーターの映画を「心理学」との対比から評するこうした語り方は、それを「サディズム」との対比によって評していた一九七五年のインタビューとも重なる。そこでフーコーは、サディズムを「欲望のプログラム化」、「欲望の科学」といった規律化への志向性と結びつけた上で、シュレーターの映画を、そうした「規律的なエロティシズム」に対置していた。フーコーによれば、シュレーター映画の身体表現に認められるのは、「ヒエラルキー、位置関係、名称、有機性といったものが解体しつつあるような、身体の無秩序化(44)」である。

(39) フーコーは、七四年の七月頃にはすでに、シュレーターを含むニュー・ジャーマン・シネマ（シュレーターの他には、ハンス・ユルゲン・ジーバーベルク、ライナー・ヴェルナー・ファスビンダーなど）に夢中になっていたことが、ダニエル・ドゥフェールによる年譜から窺える。以下を参照。«Chronologie par Daniel Defert», p. 61/47.

(40) «Conversation avec Werner Schroeter», n° 308 (1982), p. 1075/50.

(41) *Ibid.*

(42) *Ibid.*

(43) *Ibid.*, p. 1076–1077/52.

(44) «Sade, sergent du sexe», n° 164 (1975), p. 1687/466.

この「身体の有機性の解体」は、身体をあらゆる欲望のプログラムの外にある、「名づけえない」もの、「用途のない」ものとする。フーコーは、身体を可塑的なものとするこの運動を「快楽」と呼ぶ。快楽によって脱＝有機化した身体は、「風景、キャラバン、嵐、砂丘」などへ多様な変形を遂げる。こうしてフーコーは、欲望と快楽という、身体をめぐる二つのエロティシズムを対比させる形で次のように述べる。

シュレーターの映画でカメラがすることは、欲望のために身体をばら売りすることではなく、身体をパン生地のように膨らませることであり、そこから快楽のイメージたる、また快楽のためのイメージたるイメージを生み出すことなのです(45)。

この欲望と快楽の関係については、以下のインタビューにおける言及がとりわけ示唆的だろう。それによれば、たとえばSMが「快楽の新たな現実的創造」であるとされるとき、そこで問題となっているのは、たんに性的な行為としてのSM、言い換えれば、SMという行為の性的な側面だけではない。フーコーによれば、SMの行為者たちは、自らの身体の「奇妙な部分」を用いて、つまり身体を「エロス化」することによって、快楽の新たな可能性を発明しているというのだ。そこに見られるのは、彼が「快楽の脱性化［désexualisation］(46)」と呼ぶものを原理とする、ある種の創造行為である。フーコーは次のように述べる。

肉体的な快楽がつねに性的な快楽に由来するとか、性的な快楽があらゆる可能な快楽の基礎であるという考えは、まったくの誤りだと思われます(47)。

この意味において、ＳＭの実践が示しているのは、われわれが必ずしも性的な関係に縛られずに快楽を生み出すことができるという事実であり、「非性的な快楽」の可能性であるのだ。

フーコーによれば、身体的な快楽をつねに性や飲食にのみ結びつけて考えることは、身体や快楽についての理解を限定することに他ならない。反対に、重要なことは、「われわれの身体を多様な快楽の可能的な源泉として用いること(48)」であり、「欲望の解放」ではない「新たな快楽の創造」なのだ。ここでフーコーは、性に結びついたものとしての欲望に、非性的なものとしての、いわば「エロス」的なものとしての快楽を対置している。そこにはまた、ある種の抑圧構造を前提とする欲望のネガティヴィティと、そうした前提を持たない快楽のポジティヴィティといった対比も含意されているだろう。

さて、これまで見てきたような言及から浮かび上がってくるのは、有機的な統一性へとまとまる

(45) *Ibid*., p. 1688/468.
(46) «Michel Foucault, une interview : sexe, pouvoir et la politique de l'identité», n° 358 (1984), p. 1557/258.
(47) *Ibid*.
(48) *Ibid*.

ことがない身体と、それら脱＝有機的な身体の根底で機能する「快楽」という運動である。両者は、相携える形で、「サディズム」や「心理学」といった、身体の分類化・アイデンティティ化・規律化を推し進める装置に抗することになるだろう。

4-2 きらめきと情熱

一方で、マルグリット・デュラスをめぐる対談のなかでフーコーが、デュラスの小説と映画を比較しつつ注目するのもやはり、デュラス作品の登場人物が明確な形をとらない、という点である。

本のなかでは、ある存在のようなものが輪郭を現し始めるとすぐに、永続的な解消が起こります。その存在は、身ぶりや眼差しの背後に隠れ、溶解してしまうのです。あとに残るのは、一種のきらめきだけで、それが別のきらめきと響き合うことになります。〔……〕それに対して、映画のなかでは、突然の出現が起こるように思われます。それは、いかなる存在という形もとらない出現、つまり、身ぶりの出現、目の出現です。それは、霧のなかに浮かび上がる人物《ペルソナージュ》なのです。〔……〕デュラスの小説がブランショと似ているとすれば、映画のほうはフランシス・ベーコンと似ているように思われます。すなわち、一方は解消で、他方は突然の出現というように。[49]

解消と出現というように、小説と映画ではその方向性が異なっているものの、両者に共通するのは、そこに見られるペルソナが決して定まった形をとらない、という点である。それらはことごとく「形のない霧のような厚みと存在感[50]」を持ち、その霧のどこからともなく、声や身ぶりが突如として現れるのである。それは、決してスクリーンの上にもなかにも留まることなく、つねにスクリーンと観客のあいだに出自を持つ。

さらに、あるペルソナと別のペルソナは、そのあいだを駆けめぐる「きらめき［pétillement］[51]」によって結びつく。この「きらめき」は、ある自律性をもってペルソナのあいだを循環し、それが、まさに海面のきらめきのように、テクストや身ぶりに輝きを与えるとともに、これら不定形のペルソナ同士を結びつける役割を果たすのである。

デュラスにおける「きらめき」は、シュレーターとの対話においては、「愛」と対比される「情熱［passion］」に相当するだろう。そこで情熱とは、「われわれに降りかかり、われわれを捕らえ、［……］休むことがなく、起源を持たないもの[52]」であり、そうした状態であるとされる。フーコーは、この情熱の性質を、さまざまに言葉を変えながら説明している。すなわち、まずそれは「つねに運動状態にある」が、「決められた方向に向かう」ことなく漂い、「強まったり弱まったりしつつ、白熱状態へと至る」ものである。またそれは、つねに不安定な状態を保ち、極端な場合には、

(49) «A propos de Marguerite Duras», n° 159 (1975), p. 1632-1633/388-389.
(50) *Ibid.*, p. 1634/391.
(51) *Ibid.*, p. 1636/393.
(52) «Conversation avec Werner Schroeter», n° 308 (1982), p. 1070/44.

「自己保存と消滅」を同時に求めるものである。

情熱という状況において、ひとは自己自身ではありません。自己自身であるということに、もはや意味がないのです[53]。

そして、愛においては、いわばその愛の保持者がいるのに対して、情熱においてそれは、パートナーのあいだを循環し続けるという。それゆえ、情熱の状態とは、「パートナー同士が混ざり合った状態」として、強力なコミュニケーションの力を内包することになる。フーコーは、シュレーター映画の身体が、こうした情熱によって貫かれたものであることを指摘するのである。

このように見てくると、シュレーターとデュラスの作品に関して、フーコーは二つの共通する特徴に注目していることがわかる。それは、登場人物の身体の不定形性と、それら不定形の身体たちを結びつける運動、いわばひとつの「力」の存在である。フーコーは、『知への意志』の末尾で、「セクシュアリティの装置への抵抗の拠点は、［……］身体と快楽となるはずだ[54]」と述べているが、これまで見てきたフーコー的な身体の特徴は、まさに身体＝快楽に基づく、いわば非有機的な「力としての身体」に基づく、セクシュアリティ装置への、その分類化・アイデンティティ化・規律化への抵抗の具体的な現れと考えることができるだろう[55]。また、そこでフーコーは、「生の技法」の役割とは、こうした身体の脱有機化を推し進め、未知の、名づけえない個体性や関係性を創造することにある、と明言していた。以上より、フーコーが、「生存の美学」の基体として、この「力としての身体」を想定していたことが窺われる。

5　思考＝エモーション

5-1　「可視的なもの」と「不可視なもの」

フーコーは晩年に、アメリカの写真家デュアン・マイケルズの写真を論じているが、そこには、これまでの議論のひとつの集約を見ることができる。そこでフーコーは、マイケルズが、自らの作品にいろいろな形で「不可視なもの」を浮かび上がらせることによって、あるいは「可視的なもの」のはかなさを暗示することによって、写真を視線のメタファーから解放し、その分類化やアイデンティティ付与の機能を無効化しようとする姿勢に注目している。

それはたとえば、フランシス・ベーコン的な現存［présence］と形態［forme］の分離、そこから生み出される可視的なものと不可視なものの絡み合いの効果として現前する。具体的には、いくつ

(53) *Ibid.*
(54) *VS*, p. 208/199.
(55) なお、一九六六年に行われたあるラジオ講演のなかでは、こうした身体観の一端が、すでに示されている（«Le corps utopique», in *Le corps utopique suivi de Les hétérotopies*, Paris, Nouvelles Éditions Lignes, «LIGNES», 2009, p. 7-20［「ユートピア的身体」『ユートピア的身体／ヘテロトピア』佐藤嘉幸訳、水声社、二〇一三年所収］）。そこでフーコーは、「非統一的」で、本質的に「外」にあるものとしての「ユートピア的身体」について語っていた。

かの角度から撮影された顔が重ね合わされる《ジェフ・グリーフィールド》のように、フィギュールが動揺し、その同一性がぶれ、明確化が阻害されることによって、こうした効果が得られるだろう。そこで、形態は歪められ、消され、識別不可能となる一方で、現存のほうは、視線がそれを固定することを可能にするような、あらゆる輪郭線、描線が抹消されることによって、いっそう強度を増す。「可視的なものが消されることにより、捉えがたい現存が現れる(56)」というのは、こうした意味である。つまり、可視的なものとしての「形態」が後退することにより、不可視なものとしての「現存」が浮かび上がってくるのである(57)。

またそれは、「マグリット的」な手法によっても実現される。フーコーによれば、「マグリット的」な手法とは、「ある形態を、最高の完成度にまで磨き上げた後に、さまざまな文脈効果によって、その形態からあらゆる現実性を取り除き、それを馴染みの可視性の領域から逃れさせる(58)」ような手法を指す。要するに、先の場合と異なり、形態そのものは保存され、むしろ磨き上げられるのだが、それは、文脈による異化効果とでも言うべきものによって、「可視的なもの」としての自明性を奪われるのである。

たとえば、《アリスの鏡》(図4)は、「天井まで高さのある眼鏡が、巨大な蟹のように、肘掛け椅子を脅迫する」という荒唐無稽な様子を写したものであるが、それは、マグリットの絵画に描かれた超現実的な光景を彷彿とさせる。ただし、「マグリット的」なのは、こうしたモチーフだけではない。それと連作をなす幾枚かの写真では、最初の写真の「起源」とでも言うべき光景が提示されるのだが、そこではまず、先の肘掛け椅子と巨大な眼鏡が、鏡に映った鏡像であることが明らかとなる。続いて、この鏡像を写している鏡自体もまた、別の鏡に映った鏡像に他ならないことが明らかとなる。最後に、以上の一切が、さらに誰かの手にある第三の鏡に映った鏡像だということが明らかとなる。要するに、最初の写真の「主役」たる肘掛け椅子と眼鏡は、三重の入れ子構造に覆われた鏡像であった、というわけである。そして、鏡像の複雑な入れ子構造が判明した後、鏡は手のなかで粉々に砕け、それとともに、連鎖していたすべての鏡像も消滅してしまう。こうして、「マグリット的」な手法においては、主題のみならず、連作のなかで提示される作品の構造自体が、形態から現実性を取り去る機能を果たすのである。

5-2 思考のなかを漂うイメージ

一方でマイケルズは、写真の周囲に手書きで種々のテクストを書き加える、という手法も用いる。通常は、写真の説明の機能——つまり、写真をより「可視的なもの」にする機能——を果たすこれらのテクストは、マイケルズにおいては逆に、そうしたテクストとイメージの相互性、相補性を突き崩すように作用するだろう。というのも、マイケルズのテクストは、その由来や意図の不明

(56) «La pensée, l'émotion», n° 307 (1982), p. 1066/37.
(57) 第二章でも触れたように、フーコーは「外の思考」のなかで、「フィクションの役割とは、不可視のものを可視的にすることではなく、可視的なものの不可視性がどれほどであるのかわかるようにすることにある」と述べていた。ここからは、フーコーの「不可視なもの」としての「力」への関心の一貫性を窺うことができるだろう。
(58) «La pensée, l'émotion», n° 307 (1982), p. 1066/38.

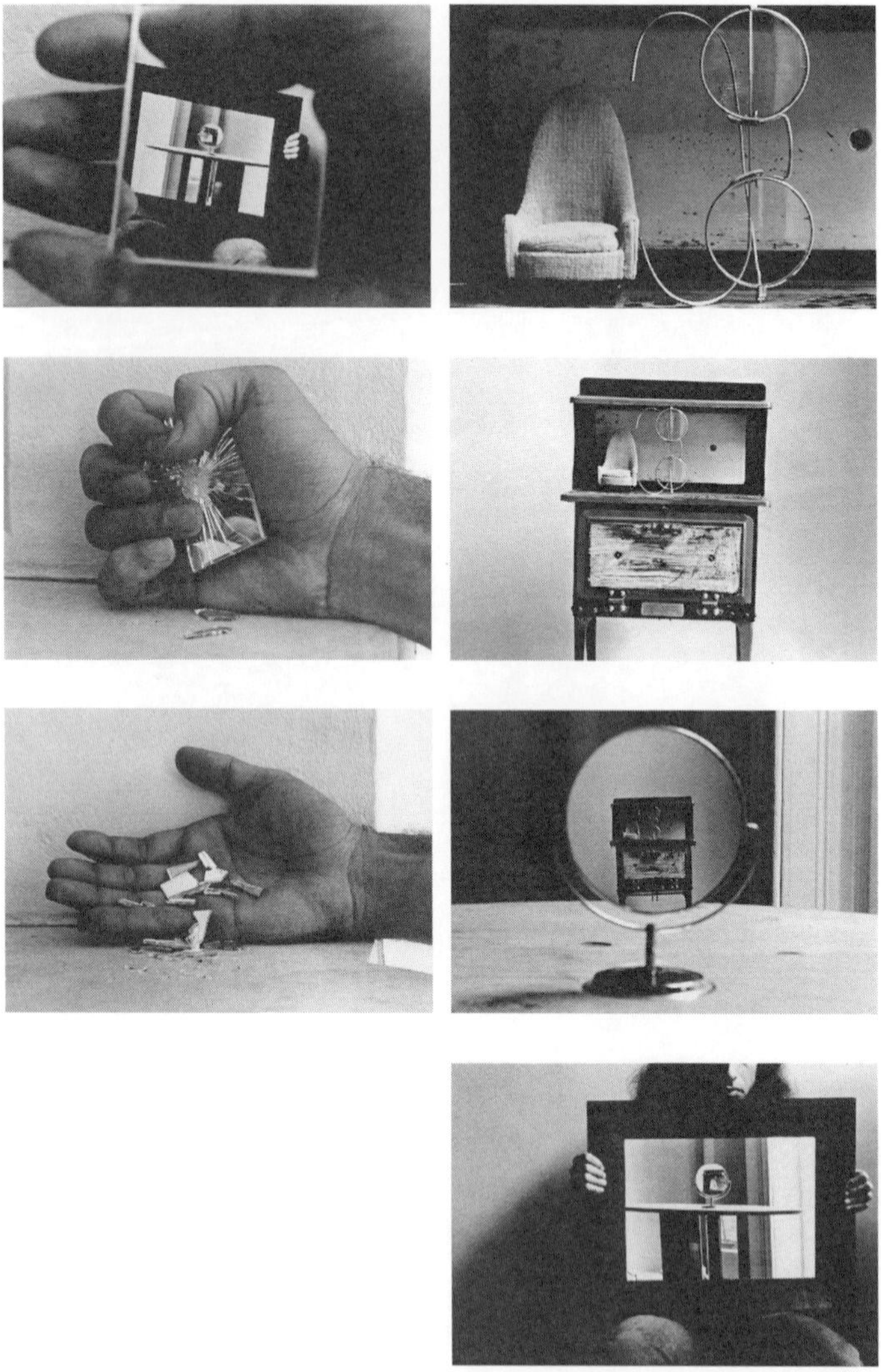

図4　デュアン・マイケルズ《アリスの鏡》1974年

瞭さゆえに、説明とは逆の効果をもたらすからである。

それは、写真を構想しながら彼の頭のなかにあったものなのか、それとも、写真を撮った瞬間に思い浮かんだものなのか、はたまた、写真を現像したずっと後になって、それを見直したときに思いついたものなのか。あるいは、そもそもそれを考えたのは、作者なのか、登場人物なのか、それとも観者なのか。作品を前にした人々に去来するこれらの疑問に、写真に付された言葉たちは答えない。反対に、それらの言葉は、観者がそれまで自明さを信じて疑わなかったイメージそのものを、確信されていた自明性を曇らせることになる。こうして、テクストは、イメージを説明し、それを「可視的なもの」にするどころか、反対に、それをより疑わしいものに、つまり「不可視なもの」にする役割を果たすだろう。

マイケルズのテクストについて、フーコーはそれを、「イメージを固定するのでもつなぎ止めるのでもなく、むしろそれを、不可視な風のそよぎへとさらす」ものと表現する。テクストは、イメージを思考のなかで循環させなければならない——彼〔作者〕の思考のなかを、そして彼の思考から他の人々の思考へと。(59)

(59) *Ibid.*, p. 1066-1067/38. ここで、ドゥルーズが、テクストとイメージの、思考における(逆説的な)出会いを指摘していたことを思い起こしてもよいだろう(Gilles Deleuze, *Foucault* [1986], Paris, Éditions de Minuit, «Reprise», 2004, p. 93〔ジル・ドゥルーズ『フーコー』宇野邦一訳、河出文庫、二〇〇七年、一六一頁〕)。

フーコーは、そこで言葉が行うのは、テクストとイメージの相互性、相補性を脱臼させることにより、イメージから現実の重みを、つまりそれをつなぎ止める錨を外し、大海原へと船出させることである、と言う。この点において、マイケルズにおけるイメージは、「フォトジェニックな絵画」のあいだを通過するフロマンジェのイメージと相似するだろう。というのも、フロマンジェの絵画において重要なことは、イメージを媒体へと囲い込むことではなく、それを循環させることであり、媒体の役割は、あくまでイメージの「中継」に奉仕することにあったからである。

そしてフーコーによれば、こうして鎖を解き放たれた、「不可視なもの」としてのイメージが漂う大海原こそ、作者と他の人々とのあいだで共有される「思考」である。

これらの混交的な、漠然と共有された思考、その暗然たる循環。デュアン・マイケルズは、そうしたものを彼の写真を観る者に示し、彼を読者＝観者の不分明な役割へと誘い、彼に思考＝エモーションを提示するのだ（というのも、エモーションとは、魂を動かし、魂から魂へとおのずから広がっていく運動であるのだから）[60]。

この、イメージの循環とともに共有される「思考＝エモーション」の性質は、デュラスにおいては「きらめき」と、そしてシュレーターにおいては「情熱」と言われていたものと重なるだろう。ただし、ここでそれは、もはや作中の登場人物同士だけでなく、それを観る者たち、いわば「作品の外部」をも含んだ「つながり」を形成することになる。

こうしてフーコーは、マイケルズの写真を、ひとつの「経験」として語る。それは、「私がすでに感じたことのある、あるいはいつか感じるに違いないと思われるような感覚、それが彼［マイケルズ］のものなのか、私のものなのかつねにわからないような感覚[61]」を引き起こすものとして語られるのである。この意味において、マイケルズの写真は、「作品」として完結したものというよりも、「経験」として開かれたものであるとされる。

この「思考＝エモーション」の共有は、イメージの循環とともに、とりわけ、循環するイメージの「不可視性」によって引き起こされる、と言える。マイケルズは、自らの写真をしばしば連作形式で発表するが、通常の写真連作が、対象となる出来事をできるだけ詳細に描写する――まさに「説明する」――ためのものであるのに対し、マイケルズの連作は、その逆を行く。すなわちそれは、しばしば出来事の要点を捉え損ねるし、まっすぐ進む代わりにいくつもの飛躍を繰り返す。また、出来事の全体を示さず、断片ばかりを寄せ集める。さらに、出来事の「適切な」タイムスパンを切り取らず、ときに短過ぎたり長過ぎたりする。こうしたすべてが、そこから生じるイメージを「不可視なもの」にするだろう。まさに、シュレーターの映画が、「無媒介的な明白さ」によって、出来事の説明としての心理学に抗したように、マイケルズの写真は、取り扱う出来事を説明する代わりに、その「不可視の皺」を提示するのである。

（60） *Ibid.*, p. 1067-1068/40.
（61） *Ibid.*, p. 1065/33-34.

5-3　主体と力

本章で見てきた通り、後期フーコーの芸術論には、さまざまな主体の底部に流れる「力」への眼差しが確認できた。それはまた、前章で見たような、「生存の美学」の基礎としての「外のアーカイブ」にも通じるものであるだろう。「力」は、「主体化」の基礎でありつつも、つねにそこへと回収され尽くさない余剰を保つ。同じく、「外のアーカイブ」もまた、根源的に匿名的なものとしてあり、われわれの主体化の素材でありながら、結局は誰の所有物にもならない、そうしたものである。フーコーが両者に、主体化の基礎と同時に、主体同士を結びつける効果も見出しているのは、このためであろう。また、ここから逆に考えるならば、フーコー的な主体とは、永遠に完成することのない、つねにひとつの「準主体」に留まる存在と見ることもできるかもしれない。実際、フーコーの言う「生存の技法」（あるいは「生の技法」）とは、力がひとつの形へと固着化することを防ぎ、それを永続的に再活性化することによって、力の水準を保つためのテクネーであった。そこで主体は、自己や他者との関係を通じて、つねに新たな様態を見せることになるだろう。

前章では、「生存の美学」におけるロゴスの重要性を確認したが、本章で取り上げた芸術論からは、フーコーが、それと同じくらい「身体」を重視していたことが、また、「生存の美学」における身体性をどのようなものとしてイメージしていたかがわかるだろう。「生存の美学」においては、真理と身体との「外」での直接的な結びつきこそが、絶えず新たな主体を創造していくのである。

結論

「他なる生存のあり方」の追究を、生涯にわたる哲学的な課題としたフーコーは、彼自身、同一のアイデンティティに縛られることを拒んだ哲学者であった。そして、一般的なフーコー理解に従って彼の思想的なモチーフの変遷を眺めてみると、知から権力、そして主体へという形で、確かに経年的な変化も認められる。彼の思想は、それぞれの年代ごとにいくつかの問題に直面し、彼はそれに答える形で自らの思想を深化させてきたのである。

それに対して、本書の考察は、フーコーの六〇年代から八〇年代に至る思考の軌跡を、「外」という概念を軸にして捉え直すものであった。そして、そこから明らかとなったのは、フーコーの前期と後期の思想のなかに、この外を、それぞれの形で認めることができる、ということである。それは、前期の芸術論においては、表象空間に回収されず、つねにそれを侵犯するものとして、後期の主体論においては、主体化の素材でありつつ、やはりそこへと回収され尽くすことのないものとして、それぞれ展開を見ることができた。ここからはまた、外という観点から見ることによって、フーコーの思想そのものを、「感性的なもの」と「倫理的なもの」との結節点に位置づけることの可能性も浮かび上がってくるだろう。

ただし、この外という概念は、フーコーの前期思想と後期思想のあいだで、若干意味合いを変化させているようにも思われる。すなわち、前期の芸術論における外が、表象空間の外部として、いわば絶対的な外部として想定されていたのに対し、後期の主体論における外は、あくまで主体という内との関係を前提とした、いわば相対的な外部へと変化しているように思われるのだ。

ここには、七〇年代に練り上げられたフーコーの権力観が、第二部で論じたようなそれが関わっているだろう。前期のフーコーにとって重要なのは、いかにして権力の外に立つか、という問題であったのに対し、後期になると彼は、権力の外部に位置することの不可能性を認識するようになる。第四章で述べたような、フーコーにおける真理や狂気の地位の変化は、ここに由来するだろう。『狂気の歴史』における論述に象徴的なように、前期のフーコーにとって狂人とは、絶対的な外部から、ある真理を語る存在として想定されていた。それに対して、七〇年代のフーコーが真理と狂気について共通して指摘するのは、それが、「権力の外にも、権力なしにも存在しないもの」だという事実である。このことは、彼の主体観にも大きな影響を及ぼすだろう。すなわち、前期のフーコーが、権力の外に立つ主体を理想としていたのに対し、後期のフーコーにとって、主体化とは、あくまで権力の内部で行われるものと考えられるようになるのだ。そこで主体化は、権力関係の布置を新たに規定し直すこととされ、またこの意味において、主体とは、権力関係のなかにおいてしか成立しえないものと考えられるようになる。

それでは、後期のフーコーにとって、外とは端的に「存在しないもの」になってしまったのだろうか。おそらくそうではない。そこで外は、内と完全に切り離されたものとしてではなく、それと、いわば「外延を共にする」ものとして現れる。先にも述べた通り、そこでは、「自己の形成」に、つねにすでに「他なるもの」が織り込まれることによって、内在化のプロセスは、同時に外在化のプロセスへと通じるのである。ここで外は、消滅したわけではなく、意味合いを変えたと見るべきだろう。また、この意味において、後期のフーコーにとっての外とは、何よりもまず、権力そのものに相当すると考えることができるのではないだろうか。というのも、そこで権力とは、主体という「内」を構成するところの「外」として想定されていたからである。

ドゥルーズは、この内と外との関係を、「襞〔pli〕」というイメージによって説明している。それによれば、外は、自らの上へと折れ曲がることによって内を構成する。このように、外の褶曲の作用として構成された内は、必然的に外と共通の広がりを持つことになる。こうして主体は、内であると同時に外でもあるようなものとして構成されるだろう。ドゥルーズは次のように言う。

内とは外の作用であり、ひとつの主体化である。〔……〕もし外がひとつの関係であり、関係の絶対的なものであるならば、内もまたひとつの関係であり、主体へと変化した関係である。(1)

ここから、「自己との関係」もまた、「絶えず外から派生する内」に他ならないとされる。

もし内が、外の褶曲によって構成されるならば、内と外とのあいだには、ひとつのトポロジックな関係がある。自己への関係は、外との関係と相同的なものであり、また両者は、さまざまな地層――それは、相対的に外部にある（したがって相対的に内部にある）さまざまな環境である――を介して接触している。(2)

ドゥルーズによれば、自己は、外部で自己と出会うのではなく、自己のなかに他者を見出すのである。(3)

1　権力とプラクシス

これまでの検討から明らかなように、「感性的なもの」と「倫理的なもの」のいずれの側面からフーコーの思想を捉えるにしても、不可避的に考慮せざるをえない要素、それが「権力」である。フーコーは、生涯を通じて、知と権力との結びつきについて、そして、それらが主体の形成に及ぼす力について考察し続けた。先に、フーコーにとっての権力とは、それ自体が外であるということを指摘したが、(4) それは、外と同様に、「感性的なもの」と「倫理的なもの」、いずれの基盤ともなっているのである。

権力との関係という観点から見た場合、前期の芸術論が、ある種の芸術のなかに、社会内部での流通を目的とせず、一切の消費や有用性から独立した自律的な存在を見ていたのに対し、後期の主体論は、そうした、権力の外部における自律的な存在を措定しないところから出発している点に違いがある。権力の外部から権力の襞へ、こうした変遷を経つつも、フーコーは一貫して、権力との関係において主体性を構想している、と言うことができる。

さらに、前期においても後期においても共通しているのは、外の非人称性である。それは、個々の主体に先立つアーカイブを、その匿名性を前提とするものである。この非人称性、匿名性は、権

(1) Gilles Deleuze, «Sur les principaux concepts de Michel Foucault», in *Deux régimes des fous. Textes et entretiens 1975-1995*, Paris, Éditions de Minuit, «Paradoxe», 2003, p. 239〔ジル・ドゥルーズ「ミシェル・フーコーの基本的概念について」宇野邦一訳『狂人の二つの体制』、河出書房新社、二〇〇四年所収、八八頁〕.

(2) Gilles Deleuze, *Foucault* [1986], Paris, Éditions de Minuit, «Reprise», 2004, p. 127〔ジル・ドゥルーズ『フーコー』宇野邦一訳、河出文庫、二〇〇七年、二二五―二二六頁〕.

(3) *Ibid.*, p. 105〔同書、一八〇頁〕.

(4) フーコーとも通じる問題意識のもとに、現代においてこの「感性的なもの」と「倫理的なもの」との関係を問い続けている哲学者にランシエールがいる。ランシエールによれば、「感性的なもの」の領域は、つねに権力と相関関係を持たざるをえないという。そしてまた、権力が関わりを持ち、同一化《アイデンティファイ》の対象とするのが、「感性的なもの」であるとすれば、いまや問われるべきは、その再配置である。つまり、いかにして、つねにすでに行われてしまう「感性的なもの」の同一化をずらすか、という問題である。こうしてランシエールは、「感性的なもの」の脱同一化のことを「主体化[subjectivation]」と呼ぶことになる。以下を参照。Jacques Rancière, *La mésentente. Politique et philosophie*, Paris, Galilée, 1995, p. 60-61〔ジャック・ランシエール『不和あるいは了解なき了解――政治の哲学は可能か』松葉祥一・大森秀臣・藤江成夫訳、インスクリプト、二〇〇五年、七一頁〕.

力にも共通するものだろう。というのもそれは、特定の個人によって行使されるものというよりも、あらゆる諸個人のあいだを貫いて作用する、ひとつの流動的な力として想定されていたからである。

さて、フーコーにおいては、この力を導いて、ひとつの主体を作り上げるテクネーこそ、身体的実践であるとされた。彼によれば、日常的な実践によって自らの身体に働きかけること、そしてそれによって、身体の水準で権力関係に可動性や可逆性をもたらすこと（つまり、身体レベルで「反＝教導」を引き起こすこと）こそが、主体化の第一義であった。ここには、「生存の美学」において身体と実践が果たす役割の重要性を見て取ることができるだろう。先に、ビザンティオスのデッサンにおける「身ぶり［geste］」を、「生存の技法」に比したが、以下では最後に、この身体と実践の関係について、「生存の美学」から導くことができる展望を示したい。

2　主体化の構造と身ぶり

2-1　主体形成の他律性

現代フランスの哲学者カトリーヌ・マラブーは、後期フーコーの議論に見られるような主体形成のプロセスを、ヘーゲルを援用する形で説明している。そこで起こる、形態の付与と解消という二重の運動についてマラブーは、ヘーゲルの言葉を借りつつ、それを「可塑性［plasticité］」と呼び、身体の「可塑性」について、つまりひとつの形態として身体について語る。身体とは、「自然の所与」であると同時に、「ある働きかけの結果」でもあるのだ[5]。そして身体の形成とは、実践および言語によって、身体にある形を与えることである。身体は、この実践と言語によって、自らの可塑性のしるしへと変形することになる。この意味において身体とは、ひとつの「作品」に他ならない。ここから彼女は、ヘーゲルの述べる「身体の可塑性」と、フーコーが晩年に論じた「自己の形成あるいは変形」との相同性を示唆することになる[6]。

また、このマラブーの言葉を受けてジュディス・バトラーは、自己への執着とは、つねにそこからの離反とともにしか、つまり、マラブーが「ヘテロ＝アフェクション［hétéro-affection］」と呼ぶような状態でしかありえない、という点を強調する。生への執着は、つねに生の解消とともにある。その意味で、ヘーゲルにおいて身体が、究極的には誰に所有されるのでもない「匿名の身体」[7]であるとされたように、生というのは（たとえそれが自己のものであっても）専有の対象ではない。いかに自己ないし自己の身体にのみ執着しようとしたところで、そうした自己とは、形態化のプロセスのなかで、つねにすでに他者ないし他者の身体に依存せざるをえないのだ。バトラーは言う。

（5） Judith Butler et Catherine Malabou, *Sois mon corps. Une lecture contemporaine de la domination et de la servitude chez Hegel*, Montrouge, Bayard, 2010, p. 88. 周知の通り、バトラーとマラブーは、両者ともヘーゲル研究から出発した哲学者である。
（6） *Ibid.*, p. 89.
（7） *Ibid.*, p. 95.

したがって、存在のなかで持続しているものとは、恒常性でも自己への執着でもなく、内的な反発運動であると言うことができるのではないだろうか。それは、解消も調和もない、「執着／非執着」とでもいうような運動の状態である。(8)

バトラーとマラブーの議論の要は、自己形成のプロセスには、つねにすでに自己以外の要素が抜き差しならない形で入り込んでいる、という共通認識である。ただし、一方でそれは、自己以外のものに完全に委ねられるわけでもない。すなわち重要なのは、自己の形成という作用自体が、自らの専有にも他のものの専有にもなることがなく、その両極のあいだで揺れ動くものだという点である。

2 - 2 身ぶりとしての作者

さて、この観点から注目されるのは、アガンベンの「身ぶりとしての作者」というエッセイである。このエッセイのなかで彼は、フーコーが一九六九年に行った「作者とは何か」という講演、とりわけそのなかで提示された「機能としての作者」という着想を手がかりにして、作者と作品との関係から「身ぶり」の特性を明らかにしている。第一章の末尾で言及したように、この講演のなかでフーコーは、現代における作者とは、言説の外部にあって、それを生み出したところの現実の個人へと送り返すものではなく、ひとつの「機能」として作動するものだと述べていた。これを受けてアガンベンは、作者と作品との関係について次のように述べる。

作者がテクストのなかに現れるのは、表現のなかに中心的な空虚を作るその度合いに応じて表現を可能にする、ひとつの身ぶりにおいてのみである。(9)

すなわち、ある作品のなかに作者の存在を認められるとすれば、それは、作品を可能にすると同時に決してそこには表現されることがない、そのような空虚としてである。さらにアガンベンは、この空虚を「身ぶり」と名指す。彼の言葉を借りるならば、身ぶりとは、「あらゆる表現行為において表現されないままに留まっているもの」なのである。それは、「読むことを可能にする読解不

(8) *Ibid.*, p. 104.

(9) Giorgio Agamben, «L'autore come gesto», in *Profanazioni*, Roma, nottetempo, 2005, p. 73〔ジョルジョ・アガンベン「身振りとしての作者」『瀆神』上村忠男・堤康徳訳、月曜社、二〇〇五年所収、九三頁〕. アガンベンは、身ぶりについて次のように述べている。「身ぶりとは、生と芸術、現勢力と潜勢力、一般と個別、テクストと上演とが出会う交差点の名である。それは、個人の伝記という文脈を奪われた生の断片であり、美的な中立性を奪われた芸術の断片である。すなわち、純粋なプラクシスである」(Giorgio Agamben, «Glosse in margine ai *Commentari Sulla società dello spettacolo*», in *Mezzi senza fine. Note sulla politica*, Torino, Bollati Boringhieri, 1996, p. 65〔ジョルジョ・アガンベン「『スペクタクルの社会に関する注解』の余白に寄せる注釈」『人権の彼方に——政治哲学ノート』高桑和巳訳、以文社、二〇〇〇年所収、八二頁〕)。また彼は、「身ぶりについての覚え書き」と題されたエッセイのなかで、アリストテレスの区分を受けて、ポイエーシス（制作）を「目的のための手段」、プラクシス（行為）を「手段なき目的」とそれぞれ定義した上で、身ぶりを、その両者のどちらでもない「第三種の行動」としている（Giorgio Agamben, «Note sul gesto», *op. cit.*, p. 51〔ジョルジョ・アガンベン「身振りについての覚え書き」、同書、六三頁〕）。

可能なものであり、そこからエクリチュールと言説が生じる伝説的な空虚[10]」である。

一方で読者も、作品と向き合うことによって、「詩のなかでまさに作者が残した空虚な場所」を占め、また、「作者が作品における自らの不在を証言したときと同じ、表現されないままの身ぶり」を繰り返すという[11]。この意味において、「詩の場所」、つまり、詩とともに現実化する思考や感情は、テクストのなかでも、作者や読者のなかでもなく、「作者と読者がテクストに自らを賭け、それと同時に、そこから無限に遠ざかる際の、身ぶり」のなかにあるのだ[12]。ひとつの作品に、作者は「身ぶり」として賭けられる。そして読者もまた、その作品に「身ぶり」として自らを賭けることになる。両者はどちらも、作品のなかに表現されることはないが、空虚な中心として作品を可能にする。ここでアガンベンは、フーコーに倣う形で、作品の起源を、実体的現実としての作者ではなく、ひとつの身ぶりに、いわば「身ぶりとしての作者」に求めている、と言うことができるだろう。

ところで、哲学史家のピエール・アドは、フーコーの「生存の美学」について、「古代における自己への配慮は、生の芸術作品としての構築ではなく、むしろ反対に、自己のある種の喪失を意味していたのだ」という趣旨の批判を行っているが[13]、アガンベンは、あるインタビューのなかで、アドのこの批判に対して、「フーコーにとってその両者が一致するものであった」ことを指摘する[14]。ここでアガンベンは、フーコーによる「作者」概念への批判を踏まえて、「あなたの生が一個の芸術作品となるとき、あなたがその原因であるわけではありません」と述べるのである。フーコーの「芸術作品としての生」を、ひとつの「作者なき芸術作品」として捉え直すアガンベンの意図は、すでに確認した「ヘテロ＝アフェクション」な主体化のプロセスおよび「身ぶりとしての作者」というテーゼを踏まえるならば、明らかだろう。すなわち、そこで作品としての生は、実体的現実としての作者ではなく、あくまで「身ぶりとしての作者」によって、そのいわば帰属の曖昧な作用によって形成される、というわけである。そして、それぞれの身ぶりによって、自己という形象を構成する形と力のエコノミーが再編されるたびに、このエフェメラルな形象は、絶えず姿を変えていくだろう。

3 身ぶりの根源的な三人称性

3-1 身ぶりと言表

ところでフーコーは、『知の考古学』のなかで、任意の「私」が言葉を発する以前の、言語の匿名的な存在に根ざした「言表」という概念を主題化した。言表は、文や句と異なり、何らかの主体

(10) *Ibid.*, p. 77〔同書、九九頁〕.
(11) *Ibid.*, p. 79〔同書、一〇一頁〕.
(12) *Ibid*〔同書、一〇一―一〇二頁〕.
(13) Pierre Hadot, «Réflexions sur la notion de "culture de soi"», in *Exercices spirituels et philosophie antique* (Nouvelle édition revue et augmentée), Paris, Albin Michel, «L'Évolution de l'Humanité», 2002, p. 330-331.
(14) ジョルジョ・アガンベン「生、作者なき芸術作品――アガンベンとの対話」長原豊訳、『現代思想』第三四巻第七号、二〇〇六年、七四頁。

ではなく、言表の領域に固有の規則へと送り返す。したがって、言表の分析において問題となるのは、コギトではなく、「誰か［on］」の水準に位置する非人称的な基盤であるとされる。現代イタリアの政治哲学者ロベルト・エスポジトは、この「私」の言葉に先立つ言語の匿名的な存在と、われわれの実存に先立つ、したがって人格化に先立つところのレヴィナス的「ある［il y a］」との相同性を示唆している[15]。それらはいずれも、人称に先立ち、その外部に位置するものである。

一方で、先に確認したように、言表と同じく身ぶりもまた、自明的な個体ではなく、人称に先立ち、「誰か［on］」の水準に位置するところの身体へと送り返すものである。身ぶりについて考えるためには、ヘーゲル的な意味での「匿名の身体」を考慮せざるをえない。この意味で、先に見た身ぶりの性質は、フーコーが語るところの言表のそれと重なるところがあるとも言えるのではないだろうか。両者はいずれも、主体に先立つ非人称的な基盤を持ちつつ、それ自体として主体と関係を持つ。エスポジトは、言表を非人称性の、つまり「三人称」の領域に属するものとしたが、同様に、身ぶりもまた、根源的に「三人称」的なものと言うことができるだろう。

このような観点からするならば、たとえば、第六章で見たフーコーの「ヒュポムネーマタ」論などには、この「言表としての身ぶり」に基づく主体論をはっきりと認めることができるように思われる。フーコーが、自己の実践に関して繰り返し指摘していたのは、主体が、「自らの知らない、自らのうちに存在しない真理」を身につけることであった[16]。ここから、「生存の技法」としてのヒュポムネーマタとは、自己に属するものではない、いわば「外的な真理としての言表」を取り集め、それを身体化し、「身ぶりを生み出すための原理」とする技術と言うことができるだろう。そして、この意味においてヒュポムネーマタとは、先に指摘したような「三人称」的なものとしての言表を身ぶりへと変換するテクネーと捉えることもできるのではないだろうか。

本書では、「生存の美学」には、一般的な日常的行為の積み重ねによって自己を形成していく側面があることを見てきたが、それは通常考えられるように、個体としての自己への執着に向かうものではなく、絶えず自己以外の要素との関係から、ひとつの主体が生成していくプロセスであった。この意味において、「作品としての生」の作者は、何らかのペルソナというよりもむしろ、フーコーの述べる言表にも似た、根源的に非人称的な性質を持ったユニットとしての身ぶりなのだ。言うなれば、そこで起こるのは、「私のものではないものとの対話から私が形成される」ような感性的経験である。

3-2 「外の芸術」としての生

ここまで本書は、フーコーの「美学」を主題として進んできた。「美学」が関わるのは、通常「感性的なもの」の領域であるが、われわれはそこに「倫理的なもの」の領域を含めた上で、フー

(15) 以下の第三章を参照。Roberto Esposito, *Terza persona. Politica della vita e filosofia dell'impersonale*, Torino, Einaudi, «Biblioteca Einaudi», 2007〔ロベルト・エスポジト『三人称の哲学——生の政治と非人称の思想』岡田温司監訳、佐藤真理恵・長友文史・武田宙也訳、講談社、二〇一一年〕.

(16) «L'herméneutique du sujet», n° 323 (1982), p. 1181/199.

コーのなかにこのテーマを探究しようとした（美学の対象として、「倫理的なもの」を含める理由については、序論で述べた）。ここからわれわれはまず、前期フーコーにおける「感性的なもの」を明らかにするところから始め、その後、後期フーコーにおける「倫理的なもの」の輪郭を示した。こうして、前期においては、フーコーが精力的に著した数々の芸術論を「外の芸術論」と総括しうることが、また後期においては、その主体論の中心に「可塑的な主体」とでも言うべき形象が位置することが、それぞれ明らかとなった。その上でわれわれは、フーコーの「美学」を、つまり、彼の思想における「感性的なもの」と「倫理的なもの」との交差点を、「生存の美学」という概念のなかに見定めようとした。「生存の美学」が「感性的なもの」と「倫理的なもの」との交差点であるというのは、そこに込められた、「自らの生を一個の芸術作品にする」という理念から明らかであろう。彼の生の思想のなかには、深いところで美学的なモデルを認めることができるのである。

フーコーの「美学」はまず、表象やそれを統御する主体へと回収されない「外」を中心とする「外の芸術論」として見出すことができる。前期の芸術論のなかでフーコーは、これら「外」の芸術に、安定した表象空間や、その内部における主体の存立を揺るがす特異な力を認めていた。この「外」の力は、「非人称的なアーカイブ」を根拠とする。すなわちそれは、主体の背後に広がる「三人称」の領域に、この広大な砂漠に由来するものなのだ。さらに、本書で示したように、「外の芸術論」に見られた「三人称性」という特徴は、可塑的な主体を軸とする後期の主体論にも受け継がれることになる。すなわち、そのエクリチュール論から窺われるように、フーコーの「生存の美学」のなかで、主体形成を推進することになる身体的行為とは、それ自体、非人称性の刻印を明確に帯びたものとしてあった。ここから本書では、彼の後期の主体論を、ひとつのポイエーシスとして、ただし、あくまで非人称的な作用を原理とするそれとして、言うなれば「外の美学」として捉え直した。

こうして、フーコーが、「生存の美学」を「生の作品化」と規定するとき、そこで言われる「作品」は、「外」的なものとして理解されうる。すなわち、「生存の美学」において目指されているのは、「外の芸術」としての生なのである。以上より本書は、「フーコーの美学」を、この「外の芸術」としての生という発想から出発し、生と芸術を独自の仕方で結びつける思考として結論したい。

あとがき

本書は、二〇一二年一一月に京都大学に提出した博士論文（『ミシェル・フーコーの美学――生と芸術のあいだで』）に加筆・修正したものである。同論文の審査は、篠原資明教授（京都大学）を主査として、岡田温司教授（京都大学）、多賀茂教授（京都大学）、須藤訓任教授（大阪大学）を副査として、二〇一三年一月に行われた。

本書の完成までには、本当に多くの方々のご助力・ご支援をいただいた。すべてを列挙することは到底かなわないが、ここでは、とりわけ以下の方々に謝意を伝えさせていただきたい。

まず、指導教官の篠原資明先生。大学院修了まで多年にわたってご指導いただき、研究のいろはから美学という分野の奥深さまで、本当に多くのことを教えていただいた。その豊かな教えのうち、どれほどをものにできたかについては甚だ心許ないが、ひとまずは、本書をもって学恩へのささやかな報いとしたい。

大学院進学以来お世話になっている岡田温司先生からは、研究に対するストイックで粘り強い姿勢と、広い視野を持つことの大切さを学んだ。

多賀茂先生には、やはり大学院から参加させていただいているフーコー読書会を通じて、フーコーの読み方を徹底的に叩き込んでいただいた。

現在ポスドク研究員として受け入れていただいている須藤訓任先生からは、講義やゼミを通じて、「哲学する」とはどういうことかについて、毎回目の覚めるような教えを得ている。

本書はまた、出身研究室の先輩・同期・後輩のみなさんにも多くを負っている。研究室の自由で活発な雰囲気のなか、多士済々の面々と、ゼミ・勉強会で切磋琢磨したり飲み会で語り合ったことは、確実に本書の養分となっているに違いない。

人文書院の松岡隆浩さんには、企画段階から相談に乗っていただき、適切なリードとアドバイスにより、完成まで導いていただいた。

これまでの研究活動に一貫して理解を示し、支援してくれた両親には、ひときわ感謝している。

出版に際しては、京都大学より助成（平成二五年度総長裁量経費による人文・社会系若手研究者出版助成）を受けた。関係各位には、厚く御礼を申し上げる。

二〇一三年一二月　京都にて

武田　宙也

初出一覧

本書のもととなった論文・発表の初出一覧を以下に示す。ただし、いずれも、博士論文として纏める際に（ときに原形を留めないほど）大幅な改稿を加えている。

序論　書き下ろし

第一部
第一章「フーコーにおける「感性論」の可能性――「外」との関わりから」、『美学』第二三三号、美学会、三〇―四三頁、二〇〇八年一二月
第二章「レーモン・ルーセルと方法芸術」篠原資明編『まぶさび』（七月堂、二〇一一年三月）所収、四一―五四頁

第二部
第三章「自己・統治・現代性――フーコーの鏡が反映するもの」、『人間・環境学』第一八巻、京都大学大学院人間・環境学研究科、五一―六四頁、二〇〇九年一二月
第四章「フーコーにおける創造性の契機について」、『あいだ／生成』第一号、あいだ哲学会、二九―三八頁、二〇一一年三月

第三部

第五章　「生と美学――フーコーの主体論をめぐって」、『美学』第二四〇号、美学会、一―一二頁、二〇一二年六月

第六章　書き下ろし

第七章　書き下ろし

結論　「「生の美学」における身体性――「身ぶり」の観点から」、表象文化論学会第七回大会における口頭発表、東京大学、二〇一二年七月八日

Nikolas Rose, *The Politics of Life itself: Biomedicine, Power, and Subjectivity in the Twenty-First Century*, Princeton University Press, 2006.

Raymond Roussel, *Œuvres*, Pauvert-Fayard, 1994, t. I.

Raymond Roussel, *Impressions d' Afrique* ［1910］, Paris, Jean-Jacques Pauvert, 1963.〔レーモン・ルーセル『アフリカの印象』岡谷公二訳、平凡社ライブラリー、2007年。〕

Raymond Roussel, *Comment j'ai écrit certains de mes livres* ［1935］, Paris, Jean-Jacques Pauvert, 1963.〔レーモン・ルーセル「私はいかにして或る種の本を書いたか」岡谷公二訳、ミシェル・レリス『レーモン・ルーセル——無垢な人』、ペヨトル工房、1991年所収。〕

Richard Shusterman, *Practicing Philosophy: Pragmatism and the Phlosophical Life*, Routledge, 1997.〔リチャード・シュスターマン『プラグマティズムと哲学の実践』樋口聡・青木孝夫・丸山恭司訳、世織書房、2012年。〕

Richard Shusterman, *Pragmatist Aesthetics : Living Beauty, Rethinking Art*, Second edition, Rowman and Littlefield, 2000.〔リチャード・シュスターマン『ポピュラー芸術の美学——プラグマティズムの立場から』秋庭史典訳、勁草書房、1999年。〕

山田忠彰・小田部胤久編『スタイルの詩学——倫理学と美学の交叉《キアスム》』ナカニシヤ出版、2000年。

山田忠彰・小田部胤久編『デザインのオントロギー——倫理学と美学の交響』ナカニシヤ出版、2007年。

山田忠彰『エスト - エティカ——「デザイン・ワールド」と「存在の美学」』ナカニシヤ出版、2009年。

Pierre Janet, *De l'angoisse à l'extase : études sur les croyances et les sentiments* [1926], Paris, Société Pierre Janet / Laboratoire de psychologie pathologique de la Sorbonne, 1975.〔ピエール・ジャネ「恍惚の心理的諸特徴」ミシェル・フーコー『レーモン・ルーセル』豊崎光一訳、法政大学出版局、1975年所収。〕

金森修『〈生政治〉の哲学』、ミネルヴァ書房、2010年。

神崎繁「生存の技法としての「自己感知」(上・下)」、『思想』971、972、岩波書店、2005年。

Maurizio Lazzarato, *Expérimentations politiques*, Paris, Éditions Amsterdam, 2009.

Guillaume Le Blanc, «L'action, le style et la vie ordinaire», in *L'ordinaire et le politique*, Claude Gautier et Sandra Laugier (dir.), Paris, PUF, «PUBL. DE L'UNIV», 2006, p. 137-145.

Andrew Light and Jonathan M. Smith (ed.), *The Aesthetics of Everyday Life*, Columbia University Press, 2005.

Pietro Montani, "Estetica, tecnica e biopolitica," *Fata morgana : quadrimestrale di cinema e visioni*, Anno 1, no. 0, sett./dic. 2006, p. 27-55.

Pietro Montani, *Bioestetica. Senso comune, tecnica e arte nell'età della globalizzazione*, Roma, Carocci, «Studi superiori», 2007.

David Novitz, *The Boundaries of Art: A Philosophical Inquiry into the Place of Art in Everyday Life* [1992], Revised and Enlarged Edition, Cybereditions, 2001.

Mario Perniola, *L'estetica contemporanea. Un panorama globale*, Bologna, Il Mulino, «Le vie della civiltà», 2011.

Patricia C. Phillips, "Creating Democracy: A Dialogue with Krzysztof Wodiczko," *Art Journal*, vol. 62, no. 4, winter 2003, p. 32-49.

プラトン「パイドロス」藤沢令夫訳『プラトン全集5』、岩波書店、1974年所収。

プラトン「ラケス」生島幹三訳『プラトン全集7』、岩波書店、1975年所収。

Jacques Rancière, *La mésentente. Politique et philosophie*, Paris, Galilée, 1995.〔ジャック・ランシエール『不和あるいは了解なき了解——政治の哲学は可能か』松葉祥一・大森秀臣・藤江成夫訳、インスクリプト、2005年。〕

林寛訳、河出文庫、2007年。〕
John Dewey, *Art as Experience* [1934], Perigee Trade, 2005.〔ジョン・デューイ『経験としての芸術』栗田修訳、晃洋書房、2010年。〕
Roberto Esposito, *Bíos. Biopolitica e filosofia*, Einaudi, 2004.
Roberto Esposito, *Terza persona. Politica della vita e filosofia dell'impersonale*, Torino, Einaudi, «Biblioteca Einaudi», 2007.〔ロベルト・エスポジト『三人称の哲学――生の政治と非人称の思想』岡田温司監訳、佐藤真理恵・長友文史・武田宙也訳、講談社、2011年。〕
Barbara Formis (dir.), *Penser en corps. Soma-esthétique, art et philosophie*, Paris, L'Harmattan, «L'Art en bref», 2009.
Barbara Formis, *Esthétique de la vie ordinaire*, Paris, PUF, «Lignes d'art», 2010.
Boris Groys, "Art in the Age of Biopolitics: From Artwork to Art Documentation," in *Art Power*, Cambridge, MA, MIT Press, 2008.〔ボリス・グロイス「生政治《バイオポリティクス》時代の芸術――芸術作品《アートワーク》からアート・ドキュメンテーションへ」三本松倫代訳『表象』05、表象文化論学会、2011年。〕
Félix Guattari, *Chaosmose*, Paris, Galilée, «Les Cahiers de l'Herne», 1992.〔フェリックス・ガタリ『カオスモーズ』宮林寛・小沢秋広訳、河出書房新社、2004年。〕
Pierre Hadot, «*Epistrophè* et *metanoia*», in *Actes du XI*^{e} *congrès international de Philosophie, Bruxelles, 20-26 août 1953*, Louvain- Amsterdam, Nauwelaerts, 1953, vol. XII, p. 31-36, reprise dans l'article «Conversion» rédigé pour l' *Encyclopaedia Universalis* et repris dans *Exercices spirituels et Philosophie antique* (Nouvelle édition revue et augmentée), Paris, Albin Michel, «L'Évolution de l'Humanité», 2002, p. 223-235.
Michael Hardt and Antonio Negri, *Empire*, Harvard University Press, 2000.〔アントニオ・ネグリ／マイケル・ハート『〈帝国〉――グローバル化の世界秩序とマルチチュードの可能性』水嶋一憲・酒井隆史・浜邦彦・吉田俊実訳、以文社、2003年。〕
アントニオ・ネグリ／マイケル・ハート『コモンウェルス――〈帝国〉を超える革命論（上）』水島一憲監訳・幾島幸子・古賀祥子訳、NHK出版、2012年。
檜垣立哉『ヴィータ・テクニカ――生命と技術の哲学』、青土社、2012年。

以文社、2000年所収。〕

Giorgio Agamben, «Glosse in margine ai *Commentari Sulla società dello spettacolo*», in *Mezzi senza fine. Note sulla politica*, Torino, Bollati Boringhieri, 1996.〔ジョルジョ・アガンベン「『スペクタクルの社会に関する注解』の余白に寄せる注釈」『人権の彼方に――政治哲学ノート』高桑和巳訳、以文社、2000年所収。〕

Giorgio Agamben, «Poiesis e praxis», in *L'uomo senza contenuto*, Macerata, Quodlibet, 2000.〔ジョルジョ・アガンベン「ポイエーシスとプラクシス」『中味のない人間』岡田温司・岡部宗吉・多賀健太郎訳、人文書院、2002年所収。〕

Giorgio Agamben, «L'autore come gesto», in *Profanazioni*, Roma, nottetempo, 2005.〔ジョルジョ・アガンベン「身振りとしての作者」『瀆神』上村忠男・堤康徳訳、月曜社、2005年所収。〕

ジョルジョ・アガンベン「生、作者なき芸術作品――アガンベンとの対話」長原豊訳、『現代思想』第34巻第7号、2006年。

Hannah Arendt, *The Human Condition* [1958], Second Edition, University of Chicago Press, 1998.〔ハンナ・アーレント『人間の条件』志水速雄訳、ちくま学芸文庫、1994年。〕

Walter Benjamin: *Das Kunstwerk im Zeitalter seiner technischen Reproduzierbarkeit*, deutsche Fassung 1939; in: derselbe: *Gesammelte Schriften*, Band I, Suhrkamp, Frankfurt am Main 1972, S. 471-508.〔ヴァルター・ベンヤミン「複製技術時代の芸術作品」久保哲司訳『ベンヤミン・コレクション1　近代の意味』、ちくま学芸文庫、1995年所収。〕

Nicolas Bourriaud, *Esthétique relationnelle* [1998], Dijon, Presses du réel, 2001.

Nicolas Bourriaud, *Formes de vie. L'art moderne et l'invention de soi* [1999], Paris, Éditions Denoël, 2009.

ジュディス・バトラー『自分自身を説明すること――倫理的暴力の批判』佐藤嘉幸・清水知子訳、月曜社、2008年。

Judith Butler et Catherine Malabou, *Sois mon corps. Une lecture contemporaine de la domination et de la servitude chez Hegel*, Montrouge, Bayard, 2010.

Gilles Deleuze, *Pourparlers* [1990], Paris, Éditions de Minuit, «Reprise», 2003.〔ジル・ドゥルーズ『記号と事件――1972年 - 1990年の対話』宮

Jean-François Pradeau, «Le sujet ancien d' une éthique moderne», in *Foucault : Le courage de la vérité,* Frédéric Gros (dir.), Paris, PUF, «Débats philosophiques», 2002, p. 131-154.

Jean-François Pradeau, «Le sujet ancien d'une politique moderne. Sur la subjectivation et l'éthique anciennes dans les *Dits et écrits* de Michel Foucault», in *Lectures de Michel Foucault,* 3 : *Sur les Dits et écrits,* Pierre-François Moreau (dir.), Lyon, ENS Éditions, «Theoria», 2003, p. 35-51.

Philippe Sabot, «Foucault, Deleuze et les simulacres», *Concepts* n° 8, «Gilles Deleuze-Michel Foucault : continuité et disparité», Sils Maria éditions/Vrin, mars 2004, p. 3-21.

Philippe Sabot, «Foucault, Sade et les Lumières», in *Foucault et les Lumières,* PU Bordeaux, 2007, p. 141-155.

Ludger Schwarte, «Foucault, l'esthétique du dehors», *Chimères,* n° 54/55, L'association Chimères, 2004, p. 19-32.

Gary Shapiro, *Archaeologies of Vision: Foucault and Nietzsche on Seeing and Saying,* University of Chicago Press, 2003.

Bernard Stiegler, *Prendre soin. De la jeunesse et des générations,* Paris, Flammarion, «La bibliothèque des savoirs», 2008.

多賀茂「新たな戦い――フーコーとガタリ」『医療環境を変える――「制度を使った精神療法」の実践と思想』、京都大学学術出版会、2008年所収。

Joseph J. Tanke, *Foucault's Philosophy of Art: A Genealogy of Modernity,* Continuum, 2009.

Jean Terrel, *Politiques de Foucault,* Paris, PUF, «Pratiques théoriques», 2010.

その他の著作

Giorgio Agamben, *Homo sacer : il potere sovrano e la nuda vita* [1995], Torino, Einaudi, 2005.〔ジョルジョ・アガンベン『ホモ・サケル――主権権力と剥き出しの生』高桑和巳訳、以文社、2003年。〕

Giorgio Agamben, «Note sul gesto», in *Mezzi senza fine. Note sulla politica,* Torino, Bollati Boringhieri, 1996.〔ジョルジョ・アガンベン「身振りについての覚え書き」『人権の彼方に――政治哲学ノート』高桑和巳訳、

Frédéric Gros, «La *parrhêsia* chez Foucault (1982-1984)», in *Foucault : Le courage de la vérité,* Frédéric Gros (dir.), Paris, PUF, «Débats philosophiques», 2002, p. 155-166.

Pierre Hadot, «Réflexions sur la notion de "culture de soi"», in *Michel Foucault philosophe* (Actes de la rencontre internationale de Paris, 9-11 janvier 1988), Paris, Le Seuil, «Des Travaux», 1989, p. 261-268, repris dans *Exercices spirituels et philosophie antique* (Nouvelle édition revue et augmentée), Paris, Albin Michel, «L'Évolution de l'Humanité», 2002, p. 323-332.

Béatrice Han, *L'ontologie manquée de Michel Foucault,* Grenoble, Jérôme Millon, «Krisis», 1998.

Miriam Iacomini, *Le parole e le immagini. Saggio su Michel Foucault,* Quodlibet, «Quaderni di discipline filosofiche», 2008.

Guillaume Le Blanc, *La pensée Foucault,* Paris, Ellipses Marketing, «Philo», 2006.

Stéphane Legrand, *Les normes chez Foucault,* Paris, PUF, «Pratiques théoriques», 2007.

Danielle Lorenzini, «La vie comme «réel» de la philosophie. Cavell, Foucault, Hadot et les techniques de l'ordinaire», in *La voix et la vertu. Variétés du perfectionnisme moral,* Sandra Laugier (dir.), Paris, PUF, «Éthique et philosophie morale», 2010, p. 469-487.

Pierre Macherey, «Aux sources de «l'*Histoire de la folie*» : Une rectification et ses limites», *Critique,* n° 471-472, août/septembre 1986, «Michel Foucault du monde entier», p. 753-774.

Pierre Macherey, «Foucault : éthique et subjectivité», in *À quoi pensent les philosophes,* Paris, Autrement, 1988, p. 92-103.

Pierre Macherey, «Pour une histoire naturelle des normes», in *Michel Foucault philosophe* (Actes de la rencontre internationale de Paris, 9-11 janvier 1988), Paris, Le Seuil, «Des Travaux», 1989, p. 203-221, repris dans *De Canguilhem à Foucault. La force des normes,* La Fabrique éditions, 2009, p. 71-97.

中山元『フーコー――生権力と統治性』、河出書房新社、2010年。

Mathieu Potte-Bonneville, *Michel Foucault, l'inquiétude de l'histoire,* Paris, PUF, «Quadrige Essais Débats», 2004.

in *Foucault : Le courage de la vérité*, Frédéric Gros (dir.), Paris, PUF, «Débats philosophiques», 2002, p. 35-59.

Philippe Artières (dir.), *Michel Foucault, la littérature et les arts. Actes du colloque de Cerisy-juin 2001*, Paris, Éditions Kimé, «Philosophie en cours», 2004.

Fulvia Carnevale, «La Parrhèsia : le courage de la révolte et de la vérité», in *Foucault dans tous ses éclats*, Paris, «Esthéques», L'Harmattan, 2005, p. 141-210.

Dominique Chateau, «De la ressemblance : un dialogue Foucault-Magritte», in *L'Image. Deleuze, Foucault, Lyotard*, Thierry Lenain (dir.), Paris, J. Vrin, «Annales de l'Institut de philosophie et de science morales», 1997, p. 95-108.

Jorge Dávila, «Etique de la parole et jeu de la vérité», in *Foucault et la philosophie antique*, Frédéric Gros et Carlos Lévy (dir.), Paris, Éditions Kimé, «Philosophie en cours», 2003, p. 195-208.

Gilles Deleuze, *Foucault* [1986], Paris, Éditions de Minuit, «Reprise», 2004.〔ジル・ドゥルーズ『フーコー』宇野邦一訳、河出文庫、2007年。〕

Gilles Deleuze, «Sur les principaux concepts de Michel Foucault», in *Deux régimes des fous. Textes et entretiens 1975-1995*, Paris, Éditions de Minuit, «Paradoxe», 2003, p. 226-243.〔ジル・ドゥルーズ「ミシェル・フーコーの基本的概念について」宇野邦一訳『狂人の２つの体制』、河出書房新社、2004年所収。〕

Gilles Deleuze, «Qu'est-ce qu'un dispositif ?», in *Deux régimes des fous. Textes et entretiens 1975-1995*, Paris, Éditions de Minuit, «Paradoxe», 2003, p. 316-325.〔ジル・ドゥルーズ「装置とは何か」財津理訳『狂人の二つの体制』、河出書房新社、2004年所収。〕

Hubert Dreyfus and Paul Rabinow, *Michel Foucault: Beyond Structuralism and Hermeneutics*, Second Edition, University of Chicago Press, 1983.〔ヒューバート・L・ドレイファス／ポール・ラビノウ『ミシェル・フーコー――構造主義と解釈学を超えて』山形頼洋・鷲田清一ほか訳、筑摩書房、1996年。〕

Frédéric Gros, *Foucault et la folie*, Paris, PUF, «Philosophies», 1997.〔フレデリック・グロ『フーコーと狂気』菊池昌実訳、法政大学出版局、2002年。〕

n° 353 ［1984］ : «Interview de Michel Foucault»〔「ミシェル・フーコーに聞く」石井久仁子訳〕
n° 354 ［1984］ : «Le retour de la morale»〔「道徳の回帰」増田一夫訳〕
n° 356 ［1984］ : «L'éthique du souci de soi comme pratique de la liberté»〔「自由の実践としての自己への配慮」廣瀬浩司訳〕
n° 357 ［1984］ : «Une esthétique de l'existence»〔「生存の美学」増田一夫訳〕
n° 358 ［1984］ : «Michel Foucault, une interview : sexe, pouvoir et la politique de l'identité»〔「ミシェル・フーコー、インタヴュー――性、権力、同一性の政治」西兼志訳〕

《その他の論文・講演》

［TS］ : *Technologies of the Self: A Seminar with Michel Foucault*, University of Massachusetts Press, 1988.〔『自己のテクノロジー――フーコー・セミナーの記録』田村俶・雲和子訳、岩波現代文庫、2004年。〕
［FS］ : *Fearless Speech*, Semiotext(e), 2001.〔『真理とディスクール――パレーシア講義』中山元訳、筑摩書房、2002年。〕
［PM］ : *La peinture de Manet. Suivi de Michel Foucault, un regard*, Paris, Seuil, «Trace écrite», 2004.〔『マネの絵画』阿部崇訳、筑摩書房、2006年。〕
［MP］ : «Les Ménines de Picasso», in *Cahier Foucault*, Frédéric Gros, Philippe Artières, Jean-François Bert et Judith Revel (dir.), Paris, Herne, «Les Cahiers de l'Herne», 2011, p. 14-32.
«Le corps utopique», in *Le corps utopique suivi de Les hétérotopies*, Paris, Nouvelles Éditions Lignes, «LIGNES», 2009, p. 7-20.〔「ユートピア的身体」『ユートピア的身体／ヘテロトピア』佐藤嘉幸訳、水声社、2013年所収。〕
«Le noir et la surface», in *Cahier Foucault*, Frédéric Gros, Philippe Artières, Jean-Fransçois Bert et Judith Revel (dir.), Paris, Herne, «Les Cahiers de l'Herne», 2011, p. 378-395.

フーコーについての著作

Francesco Paolo Adorno, «La tâche de l'intellectuel : le modèle socratique»,

n° 297 ［1981］ : «Les mailles du pouvoir»〔「権力の網の目」石井洋二郎訳〕
n° 305 ［1982］ : «Pierre Boulez, l'écran traversé»〔「ピエール・ブーレーズ、突き抜けられた画面」笠羽映子訳〕
n° 306 ［1982］ : «Le sujet et le pouvoir»〔「主体と権力」渥海和久訳〕
n° 307 ［1982］ : «La pensée, l'émotion»〔「思考、エモーション」野崎歓訳〕
n° 308 ［1982］ : «Conversation avec Werner Schroeter»〔「ヴェルナー・シュレーターとの対話」野崎歓訳〕
n° 310 ［1982］ : «Espace, savoir et pouvoir»〔「空間・知そして権力」八束はじめ訳〕
n° 323 ［1982］ : «L'herméneutique du sujet»〔「主体の解釈学」神崎繁訳〕
n° 329 ［1983］ : «L'écriture de soi»〔「自己の書法」神崎繁訳〕
n° 330 ［1983］ : «Structuralisme et poststructuralisme»〔「構造主義とポスト構造主義」黒田昭信訳〕
n° 333 ［1983］ : «Michel Foucault / Pierre Boulez. La musique contemporaine et le public»〔「ミシェル・フーコー／ピエール・ブーレーズ――現代音楽と聴衆」松浦寿夫訳〕
n° 336 ［1983］ : «Une interview de Michel Foucault par Stephen Riggins»〔「スティーヴン・リギンズによるミシェル・フーコーへのインタヴュー」佐藤嘉幸訳〕
n° 339 ［1984］ : «What is Enlighthenment ?» («Qu' est-ce que les Lumières ?»)〔「啓蒙とは何か」石田英敬訳〕
n° 341 ［1984］ : «Politique et éthique : une interview»〔「政治と倫理　インタヴュー」高桑和巳訳〕
n° 342 ［1984］ : «Polémique, politique et problématisations»〔「論争、政治、問題化」西兼志訳〕
n° 343 ［1984］ : «Archéologie d'une passion»〔「ある情念のアルケオロジー」鈴木雅雄訳〕
n° 344 ［1984］ : «À propos de la généalogie de l'éthique : un aperçu du travail en cours»〔「倫理の系譜学について――進行中の作業の概要」守中高明訳〕
n° 351 ［1984］ : «Qu'est-ce que les Lumières?»〔「カントについての講義」小林康夫訳〕

一将訳〕
n° 149 ［1975］ : «À quoi rêvent les philosophes?»〔「哲学者たちは何を夢想しているのか？」高桑和巳訳〕
n° 150 ［1975］ : «La peinture photogénique»〔「フォトジェニックな絵画」小林康夫訳〕
n° 159 ［1975］ : «A propos de Marguerite Duras»〔「マルグリット・デュラスについて」中澤信一訳〕
n° 164 ［1975］ : «Sade, sergent du sexe»〔「サド、性の法務官」中澤信一訳〕
n° 173 ［1976］ : «L'extension sociale de la norme»〔「規範の社会的拡大」原和之訳〕
n° 192 ［1977］ : «Entretien avec Michel Foucault»〔「真理と権力」北山晴一訳〕
n° 195 ［1977］ : «L'œil du pouvoir»〔「権力の眼」伊藤晃訳〕
n° 197 ［1977］ : «Les rapports de pouvoir passent à l'intérieur des corps»〔「身体をつらぬく権力」山田登世子訳〕
n° 198 ［1977］ : «La vie des hommes infâmes»〔「汚辱に塗れた人々の生」丹生谷貴志訳〕
n° 200 ［1977］ : «Non au sexe roi»〔「性の王権に抗して」慎改康之訳〕
n° 206 ［1977］ : «Le jeu de Michel Foucault»〔「ミシェル・フーコーのゲーム」増田一夫訳〕
n° 216 ［1977］ : «Pouvoir et savoir»〔「権力と知」蓮實重彥訳〕
n° 218 ［1977］ : «Pouvoir et stratégies»〔「権力と戦略」久保田淳訳〕
n° 221 ［1978］ : «Dialogue sur le pouvoir»〔「権力をめぐる対話」菅野賢治訳〕
n° 232 ［1978］ : «La philosophie analytique de la politique»〔「政治の分析哲学」渡辺守章訳〕
n° 272 ［1979］ : «Foucault étudie la raison d'État»〔「フーコー、国家理性を問う」坂本佳子訳〕
n° 281 ［1980］ : «Entretien avec Michel Foucault»〔「ミシェル・フーコーとの対話」増田一夫訳〕
n° 291 ［1981］ : ««Omnes et singulatim» : vers une critique de la raison politique»〔「全体的なものと個的なもの――政治的理性批判に向けて」北山晴一訳〕

n° 13 ［1963］：«Préface à la transgression»〔「侵犯への序言」西谷修訳〕
n° 14 ［1963］：«Le langage à l'infini»〔「言語の無限反復」野崎歓訳〕
n° 15 ［1963］：«Guetter le jour qui vient»〔「夜明けの光を見張って」野崎歓訳〕
n° 17 ［1963］：«Distance, aspect, origine»〔「距たり・アスペクト・起源」中野知律訳〕
n° 20 ［1964］：«Postface à Flaubert»〔「幻想の図書館」工藤庸子訳〕
n° 21 ［1964］：«La prose d'Actéon»〔「アクタイオーンの散文」豊崎光一訳〕
n° 22 ［1964］：«Débat sur le roman»〔「小説をめぐる討論」堀江敏幸訳〕
n° 23 ［1964］：«Débat sur la poésie»〔「詩についての討論」堀江敏幸訳〕
n° 25 ［1964］：«La folie, l'absence d'œuvre»〔「狂気、作品の不在」石田英敬訳〕
n° 36 ［1966］：«L'arrière-fable»〔「物語の背後にあるもの」竹内信夫訳〕
n° 38 ［1966］：«La pensée du dehors»〔「外の思考」豊崎光一訳〕
n° 39 ［1966］：«L'homme est-il mort ?»〔「人間は死んだのか」根本美作子訳〕
n° 48 ［1967］：«Sur les façons d'écrire l'histoire»〔「歴史の書き方について」石田英敬訳〕
n° 50 ［1967］：«Qui êtes-vous, professeur Foucault ?»〔「フーコー教授、あなたは何者ですか」慎改康之訳〕
n° 69 ［1969］：«Qu'est-ce qu'un auteur ?»〔「作者とは何か」清水徹・根本美作子訳〕
n° 73 ［1970］：«Sept propos sur le septième ange»〔「第七天使をめぐる七言」豊崎光一・清水正訳〕
n° 82 ［1970］：«Folie, littérature, société»〔「文学・狂気・社会」清水徹・渡辺守章訳〕
n° 86 ［1971］：«Manifeste du G. I. P.»〔「GIP［監獄情報グループ］の宣言書」大西雅一郎訳〕
n° 94 ［1971］：«Je perçois l'intolérable»〔「私は耐え難いものを感じる」大西雅一郎訳〕
n° 118 ［1973］：«La force de fuir»〔「逃げる力――ポール・ルベロルの連作『犬たち』に寄せて」高桑和巳訳〕
n° 135 ［1974］：«Sur D. Byzantios»〔「D・ビザンティオスについて」嘉戸

ればならない――コレージュ・ド・フランス講義1975 - 1976年度』石田英敬・小野正嗣訳、筑摩書房、2007年。〕
［STP］：*Sécurité, territoire, population. Cours au Collège de France*（*1977-1978*）, Paris, Gallimard / Le Seuil, «Hautes Études», 2004.〔『安全・領土・人口――コレージュ・ド・フランス講義1977 - 1978年度』高桑和巳訳、筑摩書房、2007年。〕
［NB］：*Naissance de la biopolitique. Cours au Collège de France*（*1978-1979*）, Paris, Gallimard / Le Seuil, «Hautes Études», 2004.〔『生政治の誕生――コレージュ・ド・フランス講義1978 - 1979年度』愼改康之訳、筑摩書房、2008年。〕
［GV］：*Du gouvernement des vivants. Cours au Collège de France*（*1979-1980*）, Paris, Gallimard / Le Seuil, «Hautes Études», 2012.
［HS］：*L'herméneutique du sujet. Cours au Collège de France*（*1981-1982*）, Paris, Gallimard / Le Seuil, «Hautes Études», 2001.〔『主体の解釈学――コレージュ・ド・フランス講義1981 - 82年度』廣瀬浩司・原和之訳、筑摩書房、2004年。〕
［GSA］：*Le gouvernement de soi et des autres. Cours au Collège de France*（*1982-1983*）, Paris, Gallimard / Le Seuil, «Hautes Études», 2008.〔『自己と他者の統治――コレージュ・ド・フランス講義1982 - 83年度』阿部崇訳、筑摩書房、2010年。〕
［CV］：*Le courage de la vérité. Le gouvernement de soi et des autres II. Cours au Collège de France*（*1984*）, Paris, Gallimard / Le Seuil, «Hautes Études», 2009.〔『真理の勇気――コレージュ・ド・フランス講義1983 - 1984年度』愼改康之訳、筑摩書房、2012年。〕

《論文・講演・対談》

（以下に所収のもの。*Dits et Écrits*, Paris, Gallimard, «Quarto», 2001, t. I et t. II.〔『ミシェル・フーコー思考集成』I〜X、筑摩書房、1998年〜2002年。〕）
«Chronologie par Daniel Defert»〔「年譜　ダニエル・ドゥフェール」石田英敬訳〕
n° 1［1954］：«Introduction, *in* Binswanger（L.）, *Le Rêve et l'Existence*»〔「ビンスワンガー『夢と実存』への序文」石田英敬訳〕
n° 10［1962］：«Dire et voir chez Raymond Roussel»〔「ルーセルにおける言うことと見ること」鈴木雅雄訳〕

参考文献一覧

フーコーの著作

《主要著書》

[HF] : *Histoire de la folie à l'âge classique* [1961], Paris, Gallimard, «Tel», 1976.〔『狂気の歴史——古典主義時代における』田村俶訳、新潮社、1975年。〕

[RR] : *Raymond Roussel*, Paris, Gallimard, «Le Chemin», 1963.〔『レーモン・ルーセル』豊崎光一訳、法政大学出版局、1975年。〕

[MC] : *Les mots et les choses. Une archéologie des sciences humaines* [1966], Paris, Gallilard, «Tel», 1990.〔『言葉と物——人文科学の考古学』渡辺一民・佐々木明訳、新潮社、1974年。〕

[AS] : *L'archéologie du savoir* [1969], Paris, Gallimard, «Tel», 2008.〔『知の考古学』慎改康之訳、河出文庫、2012年。〕

[CP] : *Ceci n'est pas une pipe* [1973], Saint Clément, Fata Morgana, 2010.〔『これはパイプではない』豊崎光一・清水正訳、哲学書房、1986年。〕

[SP] : *Surveiller et punir* [1975], Paris, Gallimard, «Tel», 1993.〔『監獄の誕生——監視と処罰』田村俶訳、新潮社、1977年。〕

[VS] : *Histoire de la sexualité, t. I. La volonté de savoir* [1976], Paris, Gallimard, «Tel», 1994.〔『知への意志』渡辺守章訳、新潮社、1986年。〕

[UP] : *Histoire de la sexualité, t. II. L'usage des plaisirs* [1984], Paris, Gallimard, «Tel», 1997.〔『快楽の活用』田村俶訳、新潮社、1986年。〕

[SS] : *Histoire de la sexualité, t. III. Le souci de soi* [1984], Paris, Gallimard, «Tel», 1997.〔『自己への配慮』田村俶訳、新潮社、1987年。〕

《コレージュ・ド・フランス講義》

[PP] : *Le pouvoir psychiatrique. Cours au Collège de France* (*1973-1974*), Paris, Gallimard / Le Seuil, «Hautes Études», 2003.〔『精神医学の権力——コレージュ・ド・フランス講義1973 - 1974年度』慎改康之訳、筑摩書房、2006年。〕

[IDLS] : *Il faut défendre la société. Cours au Collège de France* (*1976*), Paris, Gallimard / Le Seuil, «Hautes Études», 1997.〔『社会は防衛しなけ

人名索引

ア行

アガンベン、ジョルジョ　Giorgio Agamben　30, 284-286
アド、ピエール　Pierre Hadot　146, 286
アリストテレス　Aristotle　26, 122
アルトー、アントナン　Antonin Artaud　38, 71
アーレント、ハンナ　Hannah Arendt　22, 30
ヴァザーリ、ジョルジョ　Giorgio Vasari　199
エスポジト、ロベルト　Roberto Esposito　288
エピクテトス　Epictetus　196, 197

カ行

ガタリ、フェリックス　Félix Guattari　214-216
カッシアヌス、ヨハネス　Johannes Cassianus　176, 179
カフカ、フランツ　Franz Kafka　61
カント、イマヌエル　Immanuel Kant　208
グロ、フレデリック　Frédéric Gros　160
グロイス、ボリス　Boris Groys　30
クロソウスキー、ピエール　Pierre Klossowski　38, 45, 46, 48, 57
ゴッホ、フィンセント・ファン　Vincent van Gogh　16, 71

サ行

サド　Sade　16, 38, 41-45, 55, 258-261
サルトル、ジャン＝ポール　Jean-Paul Sartre　219
ジャネ、ピエール　Pierre Janet　76, 85
シュスターマン、リチャード　Richard Shusterman　26-28
シュレーター、ヴェルナー　Werner Schroeter　260-264, 267, 268, 274, 275
セネカ、ルキウス・アンナエウス　Lucius Annaeus Seneca　225, 229
セルバンテス、ミゲル・デ　Miguel de Cervantes　42
ソクラテス　Socrates　144, 161-163, 194-196, 198

タ行

チェッリーニ、ベンヴェヌート　Benvenuto Cellini　199
ディルタイ、ヴィルヘルム　Wilhelm Dilthey　21

デカルト、ルネ　René Descartes　143, 161
デメトリオス　Demetrius　147
テルトゥリアヌス　Tertullianus　173–176, 178, 179
デューイ、ジョン　John Dewey　26, 29
デュラス、マルグリット　Marguerite Duras　266–268, 274
ドゥルーズ、ジル　Gilles Deleuze　18, 32, 33, 78, 279, 280

ナ行

ニーチェ、フリードリヒ　Friedrich Nietzsche　33, 38, 71

ハ行

パゾリーニ、ピエル・パオロ　Pier Paolo Pasolini　258
バタイユ、ジョルジュ　Georges Bataille　38, 45, 47, 48
バトラー、ジュディス　Judith Butler　283, 284
ピカソ、パブロ　Pablo Picasso　244–246, 250
ビザンティオス、コンスタンティン　Constantin Byzantios　250, 252, 282
フォルミ、バルバラ　Barbara Formis　28
プラトン　Plato　144–146, 163, 194
ブランショ、モーリス　Maurice Blanchot　17, 37, 38, 40, 44, 49, 61, 62, 229, 266
ブリッセ、ジャン＝ピエール　Jean-Pierre Brisset　90, 91
ブーレーズ、ピエール　Pierre Boulez　213, 214
フロイト、ジークムント　Sigmund Freud　73, 93
フローベール、ギュスターヴ　Gustave Flaubert　62
フロマンジェ、ジェラール　Gérard Fromanger,　253–256, 258, 274
ベケット、サミュエル　Samuel Beckett　66
ヘーゲル、ゲオルグ・ヴィルヘルム・フリードリヒ　Georg Wilhelm Friedrich Hegel　282, 283, 288
ベーコン、フランシス　Francis Bacon　266, 269
ベラスケス、ディエゴ　Diego Velázquez　49, 50, 52, 53, 244–246
ベルイマン、イングマール　Ingmar Bergman　261
ヘルダーリン、フリードリヒ　Friedrich Hölderlin　38, 61
ペルニオーラ、マリオ　Mario Perniola　20, 21, 25, 26, 28
ベンヤミン、ヴァルター　Walter Benjamin　23, 24
ボードレール、シャルル　Charles Baudelaire　209, 210
ボルヘス、ホルヘ・ルイス　Jorge Luis Borges　58

マ行

マイケルズ、デュアン　Duane Michals　269, 271, 273–275

ラ行

事項索引

ア行

カ行

サ行

タ行

ハ行

マ行

ヤ行

ラ行

著者略歴

武田宙也（たけだ・ひろなり）

1980年、愛知県生まれ。京都大学文学部卒業。リール第三大学哲学科修士課程修了。京都大学大学院人間・環境学研究科博士課程修了。博士（人間・環境学）。現在、日本学術振興会特別研究員。専門は哲学・美学。訳書に、R・エスポジト『三人称の哲学』（共訳、講談社選書メチエ、2011年）。takedahironari@gmail.com

ISBN978-4-409-03082-0 C3010

フーコーの美学
――生と芸術のあいだで

二〇一四年三月　五日　初版第一刷印刷
二〇一四年三月一五日　初版第一刷発行

著　者　武田宙也
発行者　渡辺博史
発行所　人文書院

〒六一二-八四四七
京都市伏見区竹田西内畑町九
電話〇七五(六〇三)一三四四
振替〇一〇〇〇-八-一一〇三

印刷　亜細亜印刷株式会社
製本　坂井製本所
装丁　間村俊一

乱丁・落丁本は小社送料負担にてお取替致します。

http://www.jimbunshoin.co.jp/